HENRY PARK'S

CAMINO A UN MILLÓN

HENRY PARK

EDITADO POR ROBERT MILLER

ISBN 978-0-9975887-7-4

HENRY PARK'S

CAMINO A UN MILLÓN

HENRY PARK

EDITADO POR ROBERT MILLER

Henry Park's Road to a Million

Henry Park
Admin · Yesterday at 2:11 AM ·

As promised my book 📚 will be translated in Spanish for all you Latinos out there. Financial literacy is so important especially for those of us minorities that were never taught this. Here's the cover art for the actual book that will be coming out hopefully in the next week or two. I've worked long and hard to make this possible since so many of you have asked me. Hopefully this will help impact and change some of your lives as it has mine. Financial freedom is just the beginning of living your best life and having the tools 🧰 to get there is so important.

PREFACIO DEL AUTOR EDICIÓN EN ESPAÑOL

Esta no es simplemente una traducción del inglés al español de ***Road to a Million de Henry Park***. En realidad, es mucho más que eso: es una edición especial en español. Por esa razón, no tomé el camino fácil y traducir el título a: *El Camino a un Millón* y simplemente traducir el texto al español.

Este ejemplar en español es para ti — el lector que es un latino en Estados Unidos, de América Latina o en cualquier otro lugar del mundo. En diciembre de 2020, a un año de la pandemia, publiqué junto con Robert Miller un libro titulado ***Latino Investors Entrepreneurs & Advisors***. Próximamente estará disponible una edición en español también.

A continuación, en este libro podrás enterarte de que crecí en una ciudad mayoritariamente latina del sur de California: Hawaiian Gardens. Hawaiian Gardens se parece más a Tijuana, México, en lugar de a cualquier lugar de Hawái. Mientras crecía, yo era uno de los pocos no latinos en "el barrio". Es más, era uno de los pocos asiáticos. Y los "homeboys" no sabían la diferencia entre coreano y chino, así que yo era simplemente "el Chinito".

Mientras estaba en la escuela, los otros niños pensaban que yo era un niño asiático rico, sin embargo, yo era el niño que les servía el almuerzo en la cafetería de la escuela para ganarme mi propio almuerzo. En ese momento me di cuenta de que siempre habrá alguien más rico que tú y alguien más pobre que tú. Así es la "vida 101 para principiantes".

Ahora, como adulto, estoy muy involucrado con la comunidad latina. A través de uno de mis negocios, Excellence Mortgage, ayudo a los latinos de todos los niveles económicos a comprar y refinanciar bienes inmuebles. Gran parte de mis empleados y clientes en mis otras 17 empresas son latinos. Menciono esto porque es importante que sepan que entiendo a los latinos y a la comunidad latina en general.

Hay muchos millonarios latinos en Estados Unidos y en otros lugares del mundo. También hay millonarios de todos los colores y nacionalidades. Sin embargo, la riqueza está desempeñando un gran papel en las nacionalidades de los millonarios en América Latina, pues la gente se está trasladando de un país a otro para evitar o reducir los impuestos (al igual que se traslada de un estado a otro en los Estados Unidos por la misma razón).

Dependindo en dónde te encuentres al "camino a un millón" ese **problema** puede estar más adelante para ti, así que voy a ayudarte primero a convertirte en millonario (o en multimillonario si ya lo eres) y luego hablaremos de **invertir y proteger** tu riqueza.

No tienes que ser "latino" para beneficiarte de esta edición especial de mi libro — pero sí tienes que saber leer español y debes entender la "mente latina". Los latinos se caracterizan por ser soñadores natos y emprendedores naturales. Los latinos están acostumbrados a trabajar duro y a creer que (algún día) su exigente trabajo dará sus frutos. Me gustaría que creyeran que no siempre se trata de trabajar duro, sino de trabajar de forma **inteligente**. Tampoco se trata de trabajar en absoluto, sino de hacer que tu dinero trabaje para ti.

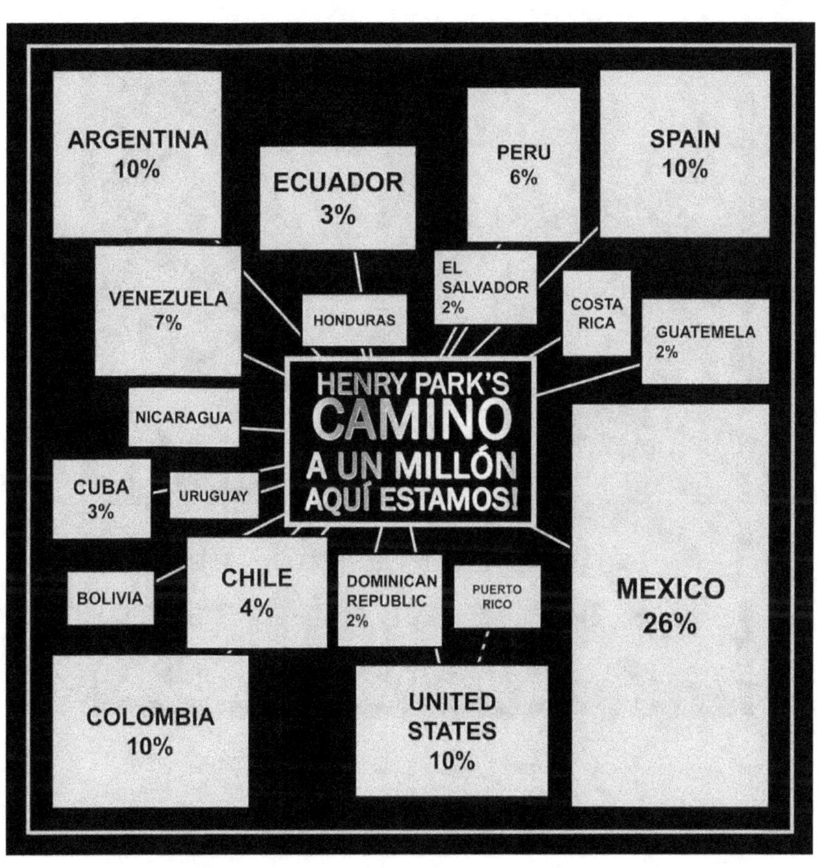

HENRY
PARK
LA ÚNICA DIFERENCIA ENTRE
LOS RICOS Y LOS POBRES ESTA
EN COMO MANEJAN SU TIEMPO.

PASTEL INVERTIDO DE PIÑA

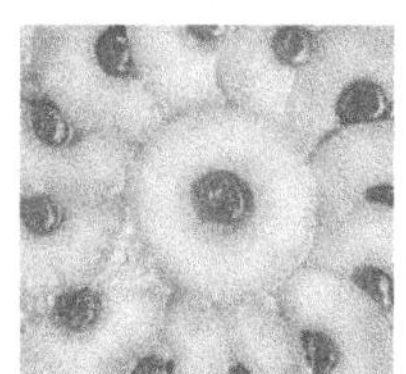

Este libro es como un **pastel invertido de piña** pues voy a empezar por el final y terminar por el principio. El libro **Camino a un Millón de Henry Park** no trata de cómo ganar una millonada en el mercado de valores, como hizo Forrest Gump cuando invirtió en Apple Computer (AAPL), ni tampoco de cómo Gordon Gekko se enriqueció comerciando con información privilegiada con BlueStar Airlines. Como decimos en Wall Street, voy a contarte "cómo el cerdo se come el repollo" – la verdad descarada sobre la creación y protección de una gran riqueza – quieras o no.

Sin embargo, antes de empezar, echemos una mirada dolorosa pero realista al mundo que nos rodea. Este último año hemos estado en el infierno y a más allá. Nuestro mundo se ha puesto patas arriba como un pastel invertido de piña. Pero al menos hay algunas cerezas en la parte superior. A medida que este libro se imprime, Estados Unidos y la mayor parte del mundo están resurgiendo fuertes y listos para patear traseros y tomar decisiones.

Por último, debemos desarrollar la capacidad de adelantarnos a los acontecimientos, de predecir las tendencias y los cambios y reaccionar rápidamente para aprovecharlos en nuestro beneficio. Al igual que las inmortales palabras que Walter Gretzky transmitió a su hijo

Wayne: "Patina hacia donde va el disco, no hacia donde ha estado".

Entonces, ¿hacia dónde va el disco en los negocios globales? Veamos el futuro de los negocios, porque nunca vamos a volver atrás (y eso es bueno).

La pandemia ha acelerado la digitalización de los negocios casi más allá de nuestra imaginación. Asimismo, ha dado al gobierno, a las empresas y a los medios de comunicación un mayor control sobre nuestras vidas de lo que cualquiera de nosotros creía posible. La pandemia ha sido como un **Caballo de Troya** que se coló de noche.

Yo podría hacer tus cosas por ti, pero entonces nunca aprenderías. Te animo a que te comprometas a hacer una importante inversión continua en ti mismo investigando y desarrollando tus propias teorías y opiniones sobre el futuro de los negocios. Entonces, podrás crear tu propia estrategia de inversión personal.

Como punto de partida, he aquí algunas de las tendencias que estoy observando:

- Cómo se entregarán los productos y servicios (Postmates, Instacart, Drizly, Grubhub, drones) - busca más disruptores como Amazon Prime, Uber).
- Cómo compraremos, pagaremos y realizaremos operaciones bancarias (Stripe, criptomonedas, CoinBase, Nubank, Shopify).
- Cómo trabajaremos (lugares de trabajo virtuales, Zoom, tecnología empresarial, Clubhouse).
- Cómo viajaremos, socializaremos y jugaremos (Roblox, comunidades virtuales, juegos de azar online, entretenimiento, TikTok, OnlyFans, SpaceX,

- Cómo, dónde y qué comeremos (alimentos de origen vegetal, super alimentos).
- Bienestar (biotecnología, Headspace, cannabis medicinal, tecnología médica, telemedicina, entrenamiento físico virtual, genética).
- Medio ambiente (cambio climático, energía verde, NextEra).
- Servicios financieros (fintech).
- Energía alternativa (vehículos eléctricos, energía solar y eólica).
- Vuelta a la globalización (Mercado Libre).
- Inversión (Robinhood, CoinDesk).
- El envejecimiento de Estados Unidos.

Con suerte, el sol brilla donde tú estás y estás vivo (si estás leyendo esto), pero estamos lejos de estar fuera de peligro. La perspectiva es lo que cuenta: el vaso medio vacío o el vaso medio lleno. El Dow está avanzando a toda velocidad hacia los 40.000, y el sector inmobiliario residencial está en plena ebullición. Es de esperar que se produzcan algunos baches (también conocidos como "correcciones") en tu **Camino a un Millón**. Con todo, hay que recordar que el mundo de las inversiones ha cambiado para siempre. No puedes invertir al estilo "Warren Buffet" entrando en See's Candies® y viendo, tocando, sintiendo y saboreando tu inversión. Y olvídate del enfoque de tu abuelo de "comprar buenas empresas y mantenerlas para siempre" (Pan Am, TWA, Sears). Bienvenido a un "Nuevo Mundo Fantástico de la Inversión" — mi autobús de fiestade la inversión. Nos vemos a bordo. ¡Fiesta! ¡Fiesta! ¡Fiesta!

Entonces, ¿hacia dónde va dirigido el disco en el mundo de los negocios? (Dibuja un diagrama).

BIENVENIDO AL PASTEL DE CAPAS

Naces,
aguantas mierda
sales al mundo
aguantas más mierda
subes un poco más
aguantas menos mierda
hasta que un día estás en la onda exclusiva
y te habrás olvidado hasta de cómo luce la mierda.
Bienvenido al pastel de capas, hijo.

— J.J. Connolly
Layer Cake (2000)

R**oad to a Million de Henry Parks,** tiene como objetivo enseñarte a ganar suficiente dinero para no tener que aguantar la mierda de nadie. Consiste en llevarte al punto en el que "has olvidado cómo se ve la mierda". Hay tres partes en el **Camino a un Millón de Henry Park.** Están mis **Libros**, está mi **Grupo de Facebook**, y están mis **Clases de Zoom** semanales - todas con el mismo nombre.

Vive sin excusas,
viaja sin remordimientos.

¿Qué es lo más importante en tu vida?

Mi familia es lo más importante en mi vida: mi increíble esposa Andrea y nuestros cinco maravillosos hijos: Katie, Preston, Dylan, Audrey y Dominic.

Para mi padre,
Jung Sil Park

Si naciste pobre no es tu error, pero si mueres pobre es tu error.

— Bill Gates

Tu único límite es tu alma. Lo que te digo es cierto: cualquiera puede cocinar... pero solo los valientes pueden llegar a ser grandes.

— Chef Gusteau
Ratatouille (2007)

LÍMITE DE RESPONSABILIDAD/RENUNCIA DE GARANTÍA

¡LEE ESTO PRIMERO!

El autor y la editorial declinan toda responsabilidad por cualquier pérdida o efecto adverso de cualquier tipo que resulte directa o indirectamente de la información contenida en este libro. Por favor, no hagas ninguna tontería. Eso nos haría muy infelices a los dos. Consulta a tu asesor financiero y a tu especialista en impuestos antes de hacer nada de lo que aparece en este libro. La mayor inversión que puedes hacer en tu **Camino a un Millón** es la inversión que haces en ti mismo leyendo, estudiando y aprendiendo sobre la riqueza y las inversiones.

Algunos de los acontecimientos y personajes de este libro son reales y otros son inventados. Si te parecen familiares quizá sea porque crecimos jugando a los mismos juegos, viendo las mismas películas (o dibujos animados) y escuchando las mismas canciones.

Comparto algunas cosas muy personales sobre mí porque quiero que me conozcas.

Todas las citas, líneas de películas, letras de canciones, frases, marcas comerciales, nombres de empresas, productos y personajes utilizados o citados en esta obra son propiedad de sus respectivos dueños y solo se han mencionado o utilizado para mejorar la experiencia del lector.

Sé que probablemente voy a recibir mucha mierda por ello, no obstante, este libro está escrito con **crudeza y sin tapujos**: vas a conocer al verdadero **Henry Park**, sin filtros ni intentos de ser PC. Conozco a muchas personas que actúan como si fueran alguien que no es real o alguien que quieren que los demás piensen que son. Por ejemplo, creo que algunas personas (no todas) en Facebook (especialmente en mis sectores de préstamos y bienes raíces) pulsan “me gusta”, añaden comentarios y, en general, actúan de forma muy amistosa con el fin de reclutar y hacer que la gente se una a su empresa, pero después con alguien de quien no creen que vayan a conseguir negocios (por ejemplo, sus competidores) o alguien a quien odian, no son del todo amables.

El hecho de ganar dinero no es una propuesta de pérdida de valor: si yo gano dinero no significa que tú vayas a ganar menos. El mundo es lo suficientemente grande para todos - ¡seamos todos millonarios!

POR QUÉ ESTE LIBRO ES IMPORTANTE

La lectura es esencial para los que quieren superar lo ordinario.

— Jim Rohn

Convertirse en rico, a menos que ganes la lotería o heredes una fortuna de un tío rico, es un proceso, no un acontecimiento. Y leer este libro debería ser un proceso, no un acontecimiento.

Tal y como ocurre en la vida, lo que se obtiene del libro **Camino a un Milón de Henry Park** depende en gran medida de lo que se ponga en la experiencia. Así que voy a hacer algunas sugerencias sobre cómo puedes obtener el máximo **rendimiento** de mi libro.

Puedes elegir tomar mis sugerencias en serio o puedes reírte de ellas. Como cualquier inversión, tienes que decidir cuánto quieres invertir y qué esperas a cambio. Al invertir tu tiempo y energía sabiamente, puedes convertirte en millonario.

Creo que hay que aprender las cosas una vez y utilizarlas para siempre. Las herramientas, tácticas, estrategias y filosofías que comparto contigo en estas páginas son el producto neto de miles de negocios a lo largo de mi vida. Muchos de los negocios tuvieron un éxito fenomenal, y otros fueron horribles fracasos. En cualquier caso, cada una de ellas fue una experiencia de aprendizaje inestimable. Espero ahorrarte sangre, sudor y lágrimas (y dinero) proporcionándote este kit de herramientas para convertirte en millonario, o incluso en multimillonario.

Todo lo que aparece en este libro se relaciona con mi propia vida de alguna manera. Utilicé estas herramientas, tácticas, estrategias y filosofías para tener éxito en los negocios y en las inversiones. Este libro es importante porque puedes utilizar mi caja de herramientas para prepararte para tu propio viaje. Pon mi caja de herramientas en tu maletero y añade más herramientas a lo largo del camino.

La primera vez que leas este libro, salta a través de él de forma selectiva para familiarizarte con su contenido. Hay una introducción — ***Atrévete a ser rico***- y un resumen — ***Área de descanso***. Además, hay doce capítulos intermedios. Después de saltar a través de una vez invertir algo de tiempo de calidad para estudiar todos los capítulos uno por uno.

Si estás ansioso y solo quieres avanzar rápidamente hasta el final puedes saltar al ***Manual del Usuario*** en la parte posterior de este libro donde encontrarás un ***Plan de Acción de 7 pasos.***

Recuerda que este es tu libro, hazte cargo de él. Dobla las esquinas de las páginas. Resalte el texto. Toma notas en los márgenes. Y, lo más importante, aprovecha las secciones en blanco que te he proporcionado para planificar tu **Camino a un Millón**. Este es un libro ***interactivo***: todo gira en torno a **TI**. Al final tendrás un Diario.

No estoy tratando de reclutarte, convertirte o convencerte de nada. Mi objetivo es simplemente informarte, educarte, empoderarte e inspirarte para que tomes el control de tus finanzas y ganes la mayor cantidad de dinero que puedas con el menor esfuerzo posible y lo más rápido posible, a la vez que haces un enorme impacto positivo en tu vida y en la de tu familia y comunidad. Si eso parece un trabalenguas, lo es. Pero qué es la vida si no alcanzas las estrellas -todas ellas- todos y cada uno de los días de tu vida. Súbete al autobús de mi fiesta privada y prepárate para despegar en el **Camino a un Millón de Henry Park.** No te molestes en ponerte el cinturón de seguridad: te tengo cubierto.

La vida no consiste en tener mucho dinero, sino en tener muchas opciones.

— Chris Rock

HOLA. ¡SOY YO, HENRY!

No me arrepiento de mi pasado,
Solo me arrepiento del tiempo que he perdido con la gente equivocada.

— Wiz Khalifa

Escribí este libro por varias razones. La primera, estaba cansado de que la gente hablara mal de todos los ricos. No es que todos los ricos sean malos, pero pensé que tal vez sea porque la mayoría de la gente no sabe cómo hacer dinero. Así que, voy a enseñarte todos los trucos que he aprendido de mis compañeros que trabajaron en Wall Street y llevarlo a Main Street. Para que quede claro, no tengo licencia de corredor de bolsa ni nada por el estilo y no te estoy pidiendo dinero. De hecho, si tú me sigues, puedes perder dinero. Simplemente te estoy mostrando que es posible que te hagas millonario.

HOLA. ¡SOY YO, HENRY!

Algunas de las mejores relaciones comienzan con una simple presentación. Hola. Soy Henry Park y espero que este libro cambie, de alguna manera, tu forma de ver la **riqueza**.

La publicación de este libro se produce poco después de mi cuadragésimo séptimo cumpleaños y durante el segundo año de la pandemia que puso el mundo patas arriba.

El **Camino a un Millón de Henry Park** es mi cuarto libro. Durante el año pasado fui coautor de tres libros con Robert Miller (el editor de este). Este libro es deliberadamente muy diferente a mis otros libros porque su único propósito es que emprendas tu propio **Camino a un Millón.** Si ya eres millonario, tal vez te ayude a reemplazar la **"M"** por una **"B".**

Este libro no se trata de mí - ¡se trata de ti! ¿Qué quiero decir con esto? Si bien voy a compartir un poco acerca de mi **Camino a un Millón** en la **Segunda Parte — Mis Páginas Traseras** — tú no eres yo y tu camino será completamente diferente. ¿Por qué lo digo? Pues porque no hay dos caminos hacia el millón idénticos porque no hay dos personas idénticas. En eso consiste el secreto de la riqueza: todos debemos planificar y seguir nuestro propio Camino a un Millón y tener el valor y la determinación de llegar a nuestro propio destino final.

Una gran riqueza suele venir de una gran pobreza. Eso es lo que me ocurrió a mí. Pero eso no quiere decir necesariamente que haya que ser pobre para hacerse rico. Una de mis citas favoritas viene del crítico gastronómico Anton Ego en la película de comedia de animación computarizada de Disney de 2007, *Ratatouille*: **"No todo el mundo puede convertirse en un gran artista, pero un gran artista puede venir de cualquier parte".** Yo creo que no todo el mundo puede convertirse en millonario, en cambio un millonario puede venir de cualquier parte.

Este libro está escrito de forma cruda y sin tapujos, en inglés de sexto grado y de la forma más sencilla posible, con el fin de presentar algunos conceptos de inversión bastante complejos y muy sofisticados. Tampoco es un libro de texto ni se ofrece como un libro de motivación. Tiene un – y solo un – propósito. Este propósito consiste en informarte e inspirarte para que seas capaz de ver el dinero y la riqueza de una manera completamente diferente a la que podrías haber imaginado.

Si puedo cambiar tu perspectiva sobre lo que es un millonario y mostrarte cómo puedes convertirte en uno, habré logrado mi objetivo al escribir este libro.

Unos meses después de que comenzara la pandemia el año pasado, formé un grupo en **Facebook: Henry Park's Road to a Million. Mi grupo de Facebook** creció rápidamente hasta tener más de 1.500 miembros que se unieron para aprender a invertir. Todos los viernes celebro una **reunión semanal de Zoom** a las 17:00 (hora del Pacífico) y te invito a unirte a mi grupo de Facebook y a participar en mis clases semanales. Al final de este libro hay información sobre mi grupo y mis clases, y mis clases están disponibles en mi **canal de YouTube.**

Espero conocerte en línea y tal vez en persona algún día. Quizás nuestros caminos ya se hayan cruzado.

HOLA. ¡SOY YO, HENRY!

Haz que este libro y tu **Camino a un Millón** sean una **experiencia que cambie las reglas del juego**. Tienes el poder de crear y proteger una gran riqueza personal y vivir el estilo de vida de tus sueños.

Antes de que te adentres en este libro, te animo a que visites **HenryPark.com** y conozcas quién soy y qué hago. Quizás puedas seguirme mejor.

No soy un entrenador, mentor o gurú. Soy un banquero hipotecario y un multimillonario hecho a sí mismo al que le apasiona invertir y crear riqueza para que mi familia y yo podamos vivir un estilo de vida con el que otros sueñan. Cuando aprendas un poco más sobre mí, descubrirás que mi estilo de vida no tiene que ver con Gulfstreams y Ferraris, no tiene que ver con el lujo.

Mi estilo de vida consiste en viajar y en el crecimiento personal y familiar. Y, por último, es 100% sobre mi esposa, Andrea, y nuestros cinco hijos. Lo que me permite ganar dinero es proporcionar seguridad y experiencias únicas a Andrea, Katie, Preston, Dylan, Audrey y Dominic.

Te deseo lo mejor en tu **Camino a un Millón**. Por favor, escríbeme y hazme saber cómo te va: **Henry@HenryParkNow.com.**

Henry Park
Las Vegas

Adquirí una docena de volúmenes sobre la banca y los valores de inversión y se quedaron en mi estantería en rojo y oro como dinero nuevo de la ceca, prometiendo revelar los brillantes secretos que solo Midas y Morgan y Mecenas conocían.

— *The Great Gatsby* (1925)
F. Scott Fitzgerald

Tabla de Contenido

**Ahora mismo,
antes de
que leas
la siguiente página,
únete a mi
Grupo de Facebook
Henry Park's
Road to a Million**

HENRY PARK'S

CAMINO A UN MILLÓN

HENRY PARK

EDITADO POR ROBERT MILLER

Haz tu plan
y libera tus
finanzas.

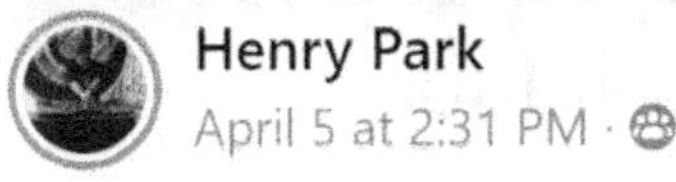

If your in the group you will be happy to know that I started at $1,000 and as of now 10 months later I'm up over $4,000. $4,106.80 to be exact. 😂 400% Return on investment (ROI) isn't bad considering most hedge funds only return 20% on average. We still have one trade left which is BMBL. Can't win them all. I'm still holding on that for now. So let's be patient. I'm going to go hunting for the next good trade. ✌️

La esperanza está en los sueños
en la imaginación
y en el coraje
de los que se atreven
a convertir los sueños
en realidad.

— Jonas Salk

ATRÉVETE A SER
RICO

Sabía que si fracasaba no me arrepentiría, pero sabía que de lo único que me podría arrepentir es de no haberlo intentado.

— Jeff Bezos

ATRÉVETE A SER RICO

No siempre puedes conseguir lo que quieres
No siempre puedes conseguir lo que quieres
No siempre puedes conseguir lo que quieres
Pero si lo intentas a veces, bueno, podrías
encontrar
lo que necesitas

— *You Can't Always Get What You Want*
The Rolling Stones (1969)

No creas NUNCA que no puedes conseguir lo que quieres. Si quieres '...diez galletas de chocolate. Pepitas medianas. Ninguna demasiado cerca del exterior'. Entonces ten los cojones de conseguir tus 'diez galletas de chocolate con pepitas medianas y ninguna demasiado cerca del exterior'.

El día 25 de abril de 1498, habiendo sido invitado a cenar por su Santidad Alejandro VI, y temiendo que, no contento con hacerme pagar el sombrero, desee convertirse en mi heredero, y me reserve la suerte de los cardenales Caprara y Bentivoglio, que fueron envenenados declaro a mi sobrino, Guido Spada, que es mi único heredero, que he enterrado en un lugar que él conoce y ha visitado conmigo , es decir, en las cuevas de la pequeña isla de Montecristo todo lo que poseía de lingotes, oro, dinero, joyas, diamantes, gemas, que solo yo conozco la existencia de este tesoro, que puede ascender a cerca de dos millones de coronas romanas, el cual encontrará al levantar la vigésima roca desde la pequeña cala hasta la fácil en línea recta. En estas cuevas se han hecho dos aperturas, el tesoro está en el ángulo más lejano de la segunda, tesoro que le lego y dejo como único heredero.

El Conde de Montecristo es una historia que quizá conozcas por el autor francés Alejandro Dumas, publicada en 1844, o tal vez por las diversas películas de aventuras. Trata de un marinero francés, Edmund Dantés, que fue acusado injustamente, pero deliberadamente, de traición a los 19 años y enviado a prisión. Pasó 14 años en prisión antes de escapar.

En la prisión, Dantés conoció a un hombre que le habló de un tesoro oculto en la isla de Montecristo, y elaboró una brillante estrategia para los que le traicionaron. Un día Edmund Dantés se escapó y fue a Montecristo y encontró el tesoro de oro y joyas por valor de 9.000 millones de dólares (en dólares de hoy) que había estado enterrado durante 350 años. Dantés se transformó en “El Conde de Montecristo” y el resto es historia.

¿Cuántas historias de tesoros enterrados escuchaste en tu infancia? Como yo, ¿sueñas con encontrar un tesoro enterrado algún día? Pues bien, acabas de encontrar uno. Voy a compartir mi cofre del tesoro personal y darte algunos tesoros invaluables que te ayudarán a **Atreverte a Ser Rico.** Mantén el **Cofre del Tesoro de Henry** en el maletero de tus vehículos en tu **Camino a un Millón.** Detente en las áreas de descanso a lo largo del camino, abre el maletero y busca en el cofre del tesoro algo de ayuda en el camino para llegar a tu destino final: **RICO.**

Hay **7 Tesoros Secretos** que estoy compartiendo, y son todo lo que necesitarás para mantenerte en el camino en la dirección correcta y a la velocidad adecuada para garantizarte un viaje seguro, divertido, emocionante y próspero desde donde estás ahora y hacia donde vas.

1
Aprende por qué quieres ser rico

Independientemente de lo que hagamos en nuestra vida, nuestro PORQUÉ -nuestro propósito, causa o creencia- nunca cambia.

— Simon Sinek
Start with Why:
How Great Leaders Inspire
Everyone to Take Action

Por qué quieres ser rico? ¿Por qué estás leyendo ***El Camino a un Millón de Henry Park?*** Mientras no puedas responder a esta pregunta desde tu corazón y desde el fondo de tu alma, puede que nunca seas realmente rico. Además, antes de empezar a responder a la pregunta, debes decidir qué significa para ti la palabra "rico". **Rico** es una palabra relativa que depende totalmente de tu perspectiva personal. **PARA** ahora mismo y piensa **POR QUÉ** quieres ser rico y anota tus pensamientos en la siguiente página.

APRENDE POR QUÉ QUIERES SER RICO

Instrucciones: Describe **POR QUÉ quieres ser RICO**. Tu POR QUÉ puede cambiar varias veces a lo largo de tu vida - quizás incluso varias veces antes de que termines de leer este libro.

2
Sé un *Badass*

Sigue adelante y no te importe lo que piensen los demás. Haz lo que tengas que hacer, por ti.

— Johnny Depp

La definición de **"Badass"** es muy subjetiva, así que voy a decir lo que significa para mí. En mi opinión, "Badass" significa alguien que tiene un "por qué" bien definido, tiene un enfoque láser y sigue avanzando como el Conejo de Energizer contra todo pronóstico o como Arnold en ***Terminator.***

Urbandictionary.com dice lo siguiente sobre **BADASS: Un Maldito Ultracool. - Harry el Sucio.**

No tienes que llevar una chaqueta de cuero y un tatuaje de lágrima para ser un badass, solo asegúrate de no ser un fanfarrón que lleva un Rolex falso y conduce un Clase C con un emblema AMG que has comprado en Amazon.com por 11,19 dólares.

SÉ UN BADASS

Instrucciones: Describe por qué crees que eres un ***BADASS***.

3
Pisa el acelerador

Las carreteras rectas son para los coches rápidos, las curvas son para los conductores rápidos.

— Colin McRae

La velocidad es muy importante en tu **Camino a un Millón**. Es importante que te pongas en marcha y pises el acelerador inmediatamente después de completar todos los capítulos de este libro.

Empaca tus cosas, pon tu navegación, pon tu caja de herramientas en el maletero y sal a la carretera. No te pases el GO y no cobres 200 dólares. Siga adelante hasta que llegue a la marca del millón de dólares.

Recuerda que no se trata solo de la rapidez con la que llegas de aquí a allá: se trata de seguir tu plan de viaje, leer tu mapa, mantener los ojos en la carretera, negociar los giros, evitar los peligros y minimizar los atropellos.

Instrucciones: Empecemos, ahora mismo, a planificar tu propio viaje en tu **Camino a un Millón**. ¿Por qué vas a ir? ¿Cuándo planeas partir, cuándo quieres llegar? ¿Quién te acompañará (si es que hay alguien)? ¿Cómo vas a llegar hasta allí? ¿Cuánto va a costar (en tiempo y dinero)?

4
No mires atrás

No mires hacia atrás a menos que sea una buena vista.

— Tupac Shakur

Solo los tontos miran hacia atrás - ¡no seas un tonto! Antes de partir en tu **Camino a un Millón** quita el espejo retrovisor y desprende los dos espejos laterales. De hecho, deshazte de todos los espejos de tu vida porque vas a aprender a que te importe un carajo lo que pasó hace diez años - o hace diez segundos.

¿Recuerdas en *Forrest Gump* cuando el pelotón de Forrest sufrió una emboscada y él iba y venía del lugar de la emboscada a la zona de aterrizaje para rescatar a sus compañeros? Es posible que Forrest fuera un bobo hijo de puta, pero fue un héroe porque se centró en salvar a sus compañeros. Estaba bajo fuego pero siguió adelante, sin mirar atrás.

NO MIRES ATRÁS

Instrucciones: ¡Manta todo a la mierda! Así es, olvídate de todo lo que hay en tu vida ahora mismo, a menos que sea algo que te haga feliz o te motive. Olvídate de los monstruos de tu vida que siguen intentando joderte la mente, no permitas que sean obstáculos en tu **Camino a un Millón**.

5
Sigue las reglas

Es difícil conducir al límite, pero es más difícil saber dónde están los límites.

— Sterling Moss
Campeón de Fórmula Uno

Me gustaría decir que las únicas reglas son que no hay reglas. No obstante, ambos sabemos que siempre habrá reglas. Una de las leyes del éxito de las inversiones es saber qué reglas hay que seguir y cuáles se pueden evitar.

Para empezar, la inversión está muy regulada, así que para evitar compartir celda con Bernie Madoff o Gordon Gekko hay que conocer y seguir todas las normas legales. Una vez dicho esto, en todo lo demás puedes ser como Gordon Ramsey (*Hell's Kitchen*) e inventarte tus propias reglas. ¡La única excepción es que tienes que seguir mis reglas!

SIGUE LAS REGLAS

Instrucciones: En este momento puede que estés diciendo: "¡Reglas, al maldito infierno con las reglas! No tenemos reglas. En realidad, no necesitamos reglas. No tengo que seguir ninguna apestosa regla, ¡maldito cabrón y ching' tu madre!" (Adaptado de "Insignias" en *El tesoro de Sierra Madre* (1927). De todos modos, haz una lista de tus reglas aquí y vuelve a esta página para hacer una lista de las mías.

6
No te hagas EMO

No quiero estar a merced de mis emociones. Quiero usarlas, disfrutarlas y dominarlas.

— Oscar Wilde
The Picture of Dorian Gray

Las emociones son el comodín de la inversión. Es necesario no tener ninguno, pero sí entender las emociones de los demás. Las emociones dirigen los mercados, pura y simplemente. Es más fácil decirlo que hacerlo. Lo que necesitas es una lobotomía frontal virtual. Hasta que los científicos crearon, a mediados de los años 50, medicamentos antipsicóticos y antidepresivos para tratar las enfermedades mentales, la lobotomía frontal era un procedimiento cruel que dejaba a los pacientes embotados y sin emociones. Así ocurrió en la novela de 1962 de Ken Kesey y en la película de 1975, *One Flew Over the Cuckoo's Nest*, protagonizada por Jack Nicholson.

Instrucciones: Empecemos, ahora mismo, a planificar tu propio viaje en tu **Camino a un Millón**. ¿Por qué vas a ir? ¿Cuándo planeas partir, cuándo quieres llegar? ¿Quién te acompañará (si es que hay alguien)? ¿Cómo vas a llegar hasta allí? ¿Cuánto va a costar?

7
Asume riesgos

El mayor riesgo es no correr ningún riesgo.

— Mark Zuckerberg
Co-Fundador de Facebook

El riesgo es la leche materna de la inversión. Si no hubiera riesgo, no habría inversión porque no habría volatilidad y no habría oportunidad de especular.

El secreto del **riesgo** es entenderlo y saber gestionarlo. Del mismo modo que la codicia, el riesgo puede ser bueno o malo. Todo depende del lado de la ecuación en el que te sitúes.

Si no estás dispuesto a asumir riesgos de forma consistente y "afrontar" las consecuencias cada vez, deberías tirar este libro a la basura y jugar a un videojuego en tu iPhone. Tu **Camino a un Millón** estará lleno de riesgos.

Instrucciones: La vida, y especialmente la inversión, está llena de riesgos. De hecho, el riesgo es lo que realmente importa en la vida. Registra, de forma muy abierta y honesta, cómo te sientes con respecto al riesgo - y cuánto riesgo estás dispuesto a asumir en tu **CAMINO A UN MILLÓN**.

Ahora es el momento de la motivación. Sin embargo, ten en cuenta que no se trata de mí y de mi **Camino a un Millón** – se trata de ti.

En el **Capítulo Dos - Mis Páginas Traseras** — vas a aprender sobre mí y lo que me motivó a convertirme en millonario. Como ves, todos nosotros tenemos nuestras propias razones para querer ser ricos. Nací en Guam (un territorio estadounidense) donde mis padres se conocieron y luego nos mudamos a Hawai antes de aterrizar en California. A los 5 años ya había vivido en 3 lugares.

Como mis padres nacieron en Corea, mi etiqueta de PC es "coreano-americano" porque nací en una parte de América, el territorio estadounidense de Guam.

De todas formas, al final nos instalamos en Hawaiian Gardens, cerca de la frontera entre Los Ángeles y el condado de Orange. El Censo de EE.UU. del año 2000 informó de que el 63% de la población de la ciudad en ese momento era "hispana o latina de cualquier raza". Cuando me crié allí, parecía que casi todo el mundo era latino. Como todos debíamos parecerles iguales, los latinos me clasificaban como "chinito". Pero el problema era que pensaban que todos los "chinitos" eran ricos.

Mi familia no era rica. Ya sabrás más sobre eso dentro de poco. De momento, créanme que no éramos ricos. Cuando los chicos de la casa descubrieron que mis padres eran coreanos, inmediatamente pensaron en los coreanos dueños de licorerías y me etiquetaron permanentemente como un "asiático loco y rico", Bueno, "dos de tres no está mal".

¿Recuerdas que te dije que dejaras de mirar hacia atrás? Es más fácil decirlo que hacerlo. Cuando tenía unos 12 años, iba en bicicleta por el lecho del río San Gabriel (que está al lado de la autopista 605) desde Hawaiian Gardens hasta Huntington Beach. Lo hacía siempre que podía para escapar del barrio y ver cómo vivía la "gente rica".

Entonces, una hermosa tarde de verano llegué a la playa y me dediqué a mirar casas - **California Dreamin'.** Vi un cartel de casa abierta, aparqué la moto y entré en la casa para echar un vistazo. Cuando agarré un folleto, el agente inmobiliario me lo quitó, así que le pregunté: "¿cuánto cuesta esta casa?". Me miró con una expresión de **blanco privilegiado muy racista** en la cara y ladró: "Mucho más de lo que podrás pagar nunca, chico". "Qué Woke" no estaba de moda entonces.

Creo que la riqueza extrema suele provenir de la pobreza extrema y, evidentemente, Jordan Belfort está de acuerdo conmigo (ver más abajo). En realidad, no deberías tener que ver películas como *Wall Street, El lobo de Wall Street, Boiler Room, Trading Places, Glengarry Glen Ross, Bárbaros en la puerta, Póker de mentirosos*, o incluso *Scarface* o *Blow* para motivarte a empezar ahora mismo tu **Camino a un Millón.** La mejor manera de convertirse en millonario es aprender a pensar como tal.

¿Ves esas pequeñas cajas negras? Se llaman teléfonos. Te voy a contar un pequeño secreto sobre estos teléfonos. ¡No se van a marcar solos! ¿De acuerdo? Sin ti, solo son pedazos de plástico sin valor. Como un M16 cargado sin un marine entrenado para apretar el gatillo. Los teléfonos dependen de todos y cada uno de ustedes, mis altamente entrenados Strattonites, mis asesinos. ¡Mis asesinos que no aceptarán un no por respuesta! ¡Mis malditos guerreros que no colgarán el teléfono, hasta que su cliente compre o muera!

Déjenme decirles algo. No hay nobleza en la pobreza. He sido un hombre rico, y he sido un hombre pobre. Y elijo a los ricos todas las putas veces. Porque, al menos como hombre rico, cuando tengo que enfrentarme a mis problemas, aparezco en la parte trasera de una limusina con un traje de 2.000 dólares... ¡y un puto reloj de oro de 40.000 dólares!

Ahora, si alguien aquí piensa que soy superficial o materialista. Que se busque un trabajo en el puto McDonald's, ¡porque ahí es donde debe estar! Pero, antes de que salgan de esta sala llena de ganadores, quiero que miren bien a la persona que tienen al lado, vamos. Porque en algún momento, en un futuro no muy lejano, estarás llegando a un semáforo en rojo en tu viejo y destartalado Pinto, y esa persona se pondrá a tu lado en un flamante Porsche, con su hermosa esposa a su lado, que tiene grandes y voluptuosas tetas. ¿Y quién estará a tu lado? ¡Una asquerosa bestia salvaje con tres días de barba de afeitar en un moo-moo sin mangas, metido a tu lado con un coche lleno de comestibles del puto Price Club! Ese es el que te va a sentar al lado.

Así que, escúchame y escucha bien. ¿Estás atrasado en tus cuentas de la tarjeta de crédito? Bien. Toma el teléfono y comienza a marcar. ¿Tu casero está listo para desalojarte? Bien. Toma el teléfono y empieza a marcar. ¿Tu novia piensa que eres un maldito perdedor? Bien. ¡Levanta el teléfono y empieza a marcar! ¡Quiero que te ocupes de tus problemas, haciéndote rico! Todo lo que tienes que hacer hoy ...es levantar ese teléfono y decir las palabras que te he enseñado. Y te haré más rico que el más poderoso director general de los malditos Estados Unidos de América. Quiero que salgas a la calle, y quiero que hagas pasar las acciones de Steve Madden por la garganta de tus clientes. ¡Hasta que se atraganten y compren 100.000 acciones! Eso es lo que quiero que hagas. ¡Serás feroz! ¡Serán implacables! ¡Serán malditos terroristas telefónicos! ¡Ahora, vamos a sacar a este hijo de puta del parque!

— Jordan Belfort (Leonardo DiCaprio)
The Wolf of Wall Street (2013)

UNO

Tenía una de esas raras sonrisas con una cualidad de eterna seguridad en ella, que puedes encontrarte cuatro o cinco veces en la vida. Se enfrentaba, o parecía enfrentarse, a todo el mundo exterior durante un instante y luego se concentraba en ti con un prejuicio irresistible a tu favor. Te comprendía hasta donde tú querías ser comprendido, creía en ti hasta donde tú querías creer en ti mismo.

— F. Scott Fitzgerald
The Great Gatsby (1925)

UNO
HENRY PARK
EN LA ACTUALIDAD

Ver el mundo, las cosas peligrosas para llegar, ver detrás de las paredes, acercarse, encontrarse y sentir. Ese es el propósito de la vida.

— Walter Mitty (Ben Stiller)
The Secret Life of Walter Mitty (2013)

No seas un falso, un lameculos o un aspirante. Nunca podrás ser un "soltero" porque la vida es como una montaña rusa: continuas subidas y bajadas. Puedes estar en bancarrota y ser millonario diez años después, y (ojalá no) ser millonario ahora y estar en bancarrota dentro de diez años. Así que no seas un fanfarrón, un lameculos o un aspirante: sé tú mismo. No fumes puros ni esnifes cocaína porque creas que es lo que hacen los jugadores. Si vives tu vida a través de la vida de los demás, pronto te darás cuenta de que no tienes vida alguna.

Bienvenido a mi mundo – **El mundo de Henry Park.** Para cuando termines este libro o incluso este capítulo – **Henry Park en la Actualidad** - habrás descubierto que Henry Park es el verdadero Henry Park y el Henry Park que no creías que era. Son muchos **Henry Parks** – y estoy hablando de mí en tercera persona pero es mi libro y puedo hacerlo si quiero.

Soy **inversor, empresario** y **asesor** y me he autoproclamado **embajador del estilo de vida mundial** (lo que explicaré dentro de un rato).

Amo a mi **mujer y a mis hijos, a los negocios, a los viajes por el mundo, a la comida, a la música** y a los **amigos** (más o menos en ese mismo orden). Se nota que mi lista no incluye dinero o cosas.

Toda mi felicidad proviene de mis pasiones - **mi familia** - **hacer negocios** - y **experimentar las caras y los lugares del mundo.** Considero que la vida te da más o menos lo que tú le das y yo le doy a la vida todo lo que puedo de Henry Park (ahí voy otra vez de tercero). Mi editor me describe como un "**Raconteur**" (búsquelo en Google) porque comparto historias divertidas sobre mis experiencias, como las de este libro.

La invitación no mencionaba que se trataba de un evento con corbata negra.

Henry Park es un tipo bastante sencillo, al menos eso creo. ¿Recuerdas el **WYSIWYG** (lo que ves es lo que obtienes)? Así soy yo. Creo que soy el niño del cartel de "el millonario de la puerta de al lado", o quizás el niño del cartón de leche que se perdió y acabó en el País de Nunca Jamás con Peter Pan y los Niños Perdidos.

Lo admito. Sufro el **síndrome de Peter Pan**: hombres que nunca crecen (y nunca quieren hacerlo). Mi tema musical es ***My Back Pages*** (1964) de Bob Dylan: "Ah, pero yo era mucho más viejo que ellos, ahora soy más joven".

Prefiero mi Toyota Supra de 1997 a mi Porsche 911. Prefiero cocinar una comida gourmet en casa que en un pretencioso asador "que solía ser el lugar donde la élite iba a comer". Prefiero salir con mi familia a salir con mis "bruhs" en Pelican Hill o Shady Canyon. También prefiero volar en avión comercial a tener mi propio jet privado (invierto la diferencia, que es enorme, aunque viajo casi constantemente). No me malinterpreten. Me gusta salir de fiesta con mis colegas, y es genial volar en aviones privados siempre que alguien lo pague.

Embajador del Estilo de Vida Mundial

Los animales de los zoológicos son embajadores de sus primos en la naturaleza.

— Jack Hanna

Qué es un **embajador del estilo de vida**? ¿Qué quieres que sea? Para mí significa que vivo mi vida a mi manera (como Frank Sinatra) y comparto abiertamente mi estilo de vida con el mundo.

No soy un gurú, un coach de vida, ni un mentor. No me siento capacitado para aconsejar a los demás cómo vivir sus vidas. En cambio, sí me siento capacitado para compartir con los demás cómo vivo mi propia vida con propósito y pasión. Y creo que sé lo suficiente sobre cómo ganar dinero como para compartir mis conocimientos y experiencia en negocios, finanzas e inversiones.

Embajador del estilo de vida: me encanta cómo suena. Pero eso no significa que mi estilo de vida de marca sea para todo el mundo. De hecho, que a mí me funcione no significa que a ti te vaya a funcionar, ¿o sí?

INVERSOR, EMPRESARIO Y ASESOR

Para hacerse rico hay que ganar dinero mientras se duerme.

— David Bailey

Yo no podría haberlo dicho mejor, pero vamos a repetirlo: “Para hacerse rico hay que ganar dinero mientras se duerme”. Necesitas **múltiples flujos de ingresos**. Por eso soy **inversor, empresario** y **asesor**.

Llevo siendo **inversor** desde que tengo más dinero del que necesito para pagar mis facturas. Invierto agresivamente en todo tipo de **acciones** - y también activamente en **bienes raíces**.

Soy un **empresario** en serie - actualmente poseo 18 empresas y estoy al frente de cada una de ellas - todas son rentables.

Tengo tres trabajos: **banquero hipotecario, operador de bonos** y **asesor financiero**, pero en realidad no considero ninguno de ellos como un trabajo porque me encanta hacer negocios. Y no me cambiaría por nadie en ningún sitio. Mi mayor reto diario es decidir quién quiero ser.

INVERSOR INMOBILIARIO

El noventa por ciento de los millonarios lo son gracias a la propiedad inmobiliaria.

— Andrew Carnegie

Creo en la **inversión inmobiliaria**. Es una gran sensación poseer algo que se puede tocar y ver, algo que se puede pisar y entrar. La inversión inmobiliaria es muy diferente a la inversión en acciones por esa razón.

Como ocurre con las acciones, invierto en bienes inmuebles tanto a corto como a largo plazo. La inversión inmobiliaria a corto plazo es como el comercio de acciones. Busco propiedades que pueda comprar a un precio bajo y venderlas a un precio más alto en un periodo de tiempo relativamente corto (Fix and Flip) - o propiedades que pueda comprar a un precio bajo y mantener en mi cartera inmobiliaria para obtener ingresos mensuales y revalorización a largo plazo (Fix and Rent).

Construye una **cartera inmobiliaria** en **Tu Camino a un Millón** para obtener ingresos, revalorización, seguridad y diversificación. Al igual que las acciones, el valor es fundamental y también lo es la **ubicación, la ubicación, la ubicación.**

Cada vez el mundo es más pequeño y yo me sigo entusiasmando con la **inversión inmobiliaria global**. El mercado latinoamericano está ***súper caliente*** ahora y se intensifica cada día. Si estás interesado en invertir en bienes raíces en los Estados Unidos, América Latina o cualquier parte del mundo, házmelo saber. Debería ser una parte fundamental de tu cartera de inversiones

PLAYWRIGHT
TAVER
GIFTS
729
DAGGER
RIGHT LANE ENDS

VIAJERO DEL MUNDO

No hace falta ni que escuches, solo que esperes... el mundo se te ofrecerá libremente, desenmascarándose.

— Franz Kafka

Pues no sé si se desenmascarará durante esta pandemia mundial pero estoy de acuerdo con Kafka en el resto. Nunca viajé mucho hasta que murió mi padre en 2015. Entonces mi mundo se volvió patas arriba y, cuando desperté de nuevo, parte de mi metamorfosis fue empezar a viajar.

Como siempre fui estudioso y traté de aprender japonés para poder leer el menú de sushi, fui la versión "casado con 5 hijos" de Anthony Bourdain. Viajaba y comía como un loco. Y con los viajes llegó el autodescubrimiento. Nunca seré un monje, pero cuanto más descubro el mundo, más me descubro a mí mismo.

A lo largo de los últimos seis años he visitado 28 países, algunos de ellos varias veces. Con casi 200 países universalmente reconocidos en el mundo, aún me quedan algunos por conocer.

Algunos de los lugares en los que he estado:

Bahamas	Tailandia
México	India
Dubai	Bélgica
Abu Dhabi	Islandia
Japón	Países Bajos
Taiwán	Inglaterra
Hong Kong	Singapur
Macao	China
Argentina	Corea
Perú	Panamá
Australia	Francia
Nueva Zelanda	Egipto
Vietnam	Turquía
Camboya	Belice

AMANTE DE LA BUENA COMIDA MUNDIAL

Una vez que decidas tu ocupación... debes sumergirte en tu trabajo. Tienes que enamorarte de tu trabajo. Nunca te quejes de tu trabajo. Debes dedicar tu vida a dominar tu habilidad. Ese es el secreto del éxito... y es la clave para ser considerado honorable.

— Jiro Ono
Jiro Dreams of Sushi (2012)

Me encanta el sushi y, por eso, cuando Netflix empezó a emitir *Jiro Dreams of Sushi* en el verano de 2012, soñé con ir a Tokio a comer el mejor sushi del mundo. La película era un documental sobre Jiro Ono, un maestro del sushi de 85 años. Tienes que ver la película porque aprenderás mucho sobre la vida.

Determinado a comer el mejor sushi del mundo, seguí llamando a Tokio para reservar en el pequeño restaurante de 10 plazas exclusivo para sushi. Llamaba y llamaba sin éxito, lo cual era inaceptable para mí. Entonces, decidí llamar al concierge de mi tarjeta American Express Black.

El concierge de American Express me dijo que *podría* conseguir una reserva si reservaba 3 noches en el Hotel Península - así que eso es exactamente lo que hice. ¿En resumen? Me gasté 7.000 dólares para que Andrea y yo pudiéramos cenar sushi por 350 dólares. Y valió la pena cada dólar.

Comiendo con Takashi Ono

Conocí a Takashi, el segundo hijo de Jiro Ono. Cuando veas la película, te enterarás de que en Japón es tradición que el hijo mayor se haga cargo del negocio del padre. Como Takashi Ono era el segundo hijo, creó su propio restaurante de sushi llamado Sukiyabashi Jiro Roppongi. El chef Takashi fue formado por su padre en el Sukiyabashi Jiro original de Ginza y aparece en el documental compartiendo sus experiencias y su relación con su mundialmente famoso padre, el legendario chef Jiro.

Jiro Dreams of Sushi te enseñará mucho sobre los sueños y la pasión, sobre la perfección y la excelencia, sobre los negocios y la vida. Con frecuencia me pregunto qué habría sido de mí, como primer hijo de mi padre, si hubiera seguido sus pasos. ¿Habría sido mi destino convertirme en un magnate de las gasolineras?

Jiro Dreams of Sushi

DJ Dosa

No me crié como DJ, así que no sigo las reglas de los DJ.

— Deadmau5

La música siempre ha sido una pasión para mí y seguramente evita que me vuelva loco en mis trabajos cotidianos. Lo mío es la **EDM** (Electronic Dance Music), más conocida como "música electrónica", "música de club" o, a veces, simplemente *"dance"*.

La EDM se escucha en discotecas, reventones y festivales e incluye una amplia gama de música electrónica percusiva interpretada por DJs como yo.

Como DJ Dosa, ignoro lo que está de moda y pongo la música que me gusta. El trabajo de un DJ es mucho, mucho más de lo que la gente puede imaginar. Siempre quise ser DJ para poder compartir mi amor por la música con otras personas. Pero lo más importante para mí es desarrollar rápidamente y seguir construyendo una relación mágica con la gente que escucha mi música. Para mí, eso es lo que significa ser DJ.

Descubre a DJ Dosa en #Sound Cloud

http://soundcloud.com/henry-park-511304407

Cuál es el **verdadero Henry Park** y **dónde está Henry en al actualidad?** En primer lugar, al igual que Jay Gatsby en El Gran Gatsby (F. Scott Fitzgerald - 1925), circula mucha mierda sobre mí. La gente se pregunta cómo un pobre chico coreano del barrio puede convertirse en un multimillonario autodidacta. Sé que la gente habla mal de mí, porque me lo dicen todo el tiempo. Y a mí me importa un carajo, no me importa lo que esos perdedores y haters digan de mí. De verdad. ¿Conoces a Benedict Cumberbatch, el actor británico? Escucha lo que tiene que decir al respecto: "Si tienes una preocupación excesiva por la percepción y por tratar de **complacer** las expectativas de la gente, entonces puedes volverte **loco**". No quiero volverme loco, ¡de ninguna manera! Así que, ¡que se jodan los malditos haters! Ya está, lo he dicho. Y eso es todo lo que tengo que decir al respecto.

Ahora la segunda pregunta. **¿Dónde está Henry en la actualidad?** La mayoría de las veces puedes encontrar la respuesta a esa pregunta en **Facebook** o **Instagram.** Podría estar en casa (y eso incluye varios lugares), o podría estar con Andrea y nuestros cinco hijos en las vacaciones de primavera en Maui o llevando a Andrea a París (Francia - no Perris, California), o en Tokio probando el sushi de un **Itamae de clase mundial.**

¿Dónde está Henry EN LA ACTUALIDAD?

¿Puedes encontrarme en la foto de arriba e identificar el lugar? (Pista: camisas y pantalones blancos y pañuelos rojos - sin máscaras).

DOS

PRÓLOGO

Los grandes genios tienen las biografías más cortas.

— Ralph Waldo Emerson

No soy un gran genio ni mucho menos y este libro no es mi biografía, aunque es importante que conozcas algunas cosas de mi historia personal para entender cómo pienso en el dinero y mi estilo de inversión.

Todos tenemos nuestras propias historias: eso es lo que hace que los rostros, las palabras, los pensamientos y los sueños de los miles de millones de personas del mundo sean diferentes entre sí. Por ejemplo, mi padre tenía su propia historia y, aunque ha sido la que más ha influido en mi vida, mi historia es casi la opuesta a la suya.

Mi padre creció en el Sueño Americano (y yo también), pero pensaba que trabajando duro cada día podría jubilarse algún día y disfrutar de su vida y su familia. Pero ese día nunca llegó porque su vida se vio truncada por el cáncer. Ahora voy a compartir cómo eso me despertó y me obligó a aminorar el paso.

DOS
MIS PÁGINAS TRASERAS

Cada secreto del alma de un escritor, cada experiencia de su vida, cada cualidad de su mente, está escrita en grande en sus obras.

— Virginia Woolf

Invierte un par de horas en ti mismo y escribe tus propias PÁGINAS TRASERAS. ¿Qué ha sucedido a lo largo de tu vida para que seas quien eres? ¿Qué necesitas olvidar y qué te motivará en tu Camino a un Millón?

Decirte cómo empecé mi **Camino a un Millón** es volver al principio. Durante mi infancia tuve un padre que siempre estaba trabajando. Viniendo de Corea, luchó por aprender un nuevo idioma y sacar adelante a su familia. Mi padre empezó como jardinero y se alistó en el ejército para poder venir a Estados Unidos. Mi madre era agente de viajes y trabajaba para Korea Airlines. Ambos se conocieron en Guam y allí nací yo. Poco después de mi nacimiento, se trasladaron a Hawái, ya que el lado de la familia de mi padre se había trasladado allí. Allí nació mi hermano. Posteriormente nos mudamos en Los Ángeles.

Al crecer, siempre tuvimos problemas económicos. Mi madre se hizo camarera en un restaurante japonés. Mi padre acabó trabajando para mis tíos como cajero en una gasolinera Shell. En ese entonces el salario mínimo era de 3,25 dólares la hora, así que eso es lo que ganaba mi padre. Es en ese momento cuando se produce un punto de inflexión en mi vida. Todos los concesionarios de Shell debían permanecer abiertos las 24 horas del día los 7 días de la semana (incluidos los días festivos).

Como mi padre necesitaba desesperadamente las horas, trabajaba en la gasolinera los 7 días de la semana. Durante la noche, como siempre había poco trabajo, mi padre tenía una pequeña cama improvisada en la que intentaba dormir un poco entre los clientes. Así empezó mi pesadilla: esa fue la última vez que lo vi durante unos años. Me acuerdo de que odiaba esta vida porque quería ver a mi padre, ¡incluso odiaba a la gasolinera por alejar a mi padre de mí!

Mi padre me convenció de que trabajaba para la familia y yo le creí. Verás, éramos jodidamente pobres, vivíamos en un apartamento de una habitación en Hawaiian Gardens. Era un apartamento de bajos ingresos del HUD. No me malinterpreten, algunos de mis mejores recuerdos de la infancia ocurrieron en ese apartamento. Sin embargo, cuando vienes de la nada todo lo que quieres es lo mejor porque no tienes nada.

Bueno, de todos modos mi padre finalmente fue a la escuela nocturna para convertirse en un mecánico. Fue al Cypress College y se convirtió en un mecánico certificado por la ASC. Me encantaron esos años, íbamos a pescar y a acampar los fines de semana y jugábamos al baloncesto todo el tiempo. Me encantaba.

Entonces, un día mi padre tuvo la oportunidad de comprar una gasolinera Shell propia. Conocía a alguien que vendía su gasolinera. Para entonces, mi tía (que era rica a mis ojos) era dueña de 3 gasolineras y mi padre la admiraba. Mi padre nos sentó a todos un día y nos dijo que iba a pedir un préstamo para comprar la gasolinera. Estábamos entusiasmados pero no sabíamos qué significaba eso. Él dijo que todos teníamos que ayudar. Yo me apunté a la causa. Toda nuestra familia lo estaba. Y así, desde los 12 años, mi hermano y yo trabajábamos como cajeros después del colegio y los fines de semana en la gasolinera.

Al principio no me importaba. Pero entonces a mi padre se le ocurrió un plan loco. Mi padre había pedido prestado mucho dinero para comprar la gasolinera. Y le supuso un fuerte pago de intereses cada mes. Mi padre quería pagar el préstamo rápidamente así que aquí está el plan loco. Verás, el 99% de los “garajes” están cerrados los domingos. Así que el plan genial de mi padre era abrir los domingos para poder captar todo ese negocio. Desde el punto de vista del negocio, ¡fue genial! Mi padre nos convenció de que algún día podríamos permitirnos vivir en una casa, incluso con piscina.

La gasolinera

En mi opinión, ¡fue una de las peores decisiones! Al parecer, el único tiempo que podía pasar con mi padre era trabajando juntos en la gasolinera. Odiaba esa gasolinera a muerte. Mi padre finalmente compró una pequeña casa unos años más tarde y cuando yo tenía 18 años compró la casa de "nuestros sueños" (piscina incluida) en Cypress. Yo sentía que era "su" sueño porque cuando compró la casa ya era hora de que yo fuera a la universidad.

Así que, para mí, no quería cometer los mismos errores que mi padre. **Quería ganar dinero rápido y mucho. Eventualmente hice mucho dinero. Millones de hecho, pero iba a hacerlo bien.**

Sabía que quería tener hijos, pero quería tener la casa y todo, para que no sufrieran mientras yo ganaba dinero. Deseaba pasar tiempo con ellos y jugar con ellos y hacer las cosas que mi padre hacía conmigo cuando era mecánico antes de que se le ocurriera la loca idea de pedir dinero prestado y comprar la gasolinera.

En nuestros "días de gloria" íbamos de camping y de pesca y pensé que la única manera de hacerlo era casándome con alguien mucho más joven. Andrea, mi esposa, es 7 ½ años más joven que yo y la quiero más que al mundo entero. Nos casamos. Ambos nos sacrificamos. Ahorramos dinero. Andrea conducía un Daewoo y yo mi Toyota Supra de 1997 (que todavía tengo y conduzco). Jamás gastamos dinero. Siempre ahorramos. No tuvimos hijos hasta casi 10 años después de casarnos. Y entonces, justo cuando estábamos planeando formar nuestra familia (con millones de dólares en el banco) llegó la crisis de 2007. Y lo que pareció de la noche a la mañana perdimos todo el dinero que tanto nos había costado ganar.

Pasamos de vivir en Huntington Beach a dos manzanas de la playa (¿recuerdas lo que me pasó cuando era niño en la casa abierta de Huntington Beach?) a hacer la compra en la tienda de 99 céntimos. ¡Fue realmente así de malo!

Todos nuestros ahorros no fueron a ninguna parte. Intentamos salvar nuestra compañía hipotecaria. Jamás habíamos tomado vacaciones. Nunca habíamos bajado el ritmo para disfrutar de nada. Me sentí devastado y Andrea sintió lo mismo. Así que decidimos que no íbamos a esperar más. Y así, en 2008, nació nuestra hija Katie, y nuestra familia empezó a crecer (ahora tenemos 5 hijos). Sin darme cuenta, me vi inmerso en un trabajo loco y de muchas horas. Verás, el negocio de las hipotecas es como el de los bienes raíces: es un negocio de comisiones. Todo eso habría continuado hasta que un día recibí una llamada de mi madre.

Mi madre me llamó ese verano de 2014. Estaba en una conferencia de marketing secundario en San Francisco. Lo único que recuerdo es que estaba en medio de una reunión con otros banqueros y mi teléfono no paraba de sonar y sonar. Por fin me excusé y contesté al teléfono. Le pregunté a mi madre: “Mamá, ¿qué pasa?”. Acababa de ver a mi padre, a Andrea y a nuestros hijos unos días antes.

Todo lo que recuerdo es que mi madre decía que mi padre tenía cáncer de páncreas en fase 4. Yo estaba como ¿”WTF”? Ni siquiera sabía dónde estaba el páncreas en el cuerpo. ¿Cómo pudo pasar esto? Hasta ese momento no conocía a nadie que tuviera cáncer. Todos mis tíos y tías estaban vivos. Me refiero a que había oído hablar de gente que tenía cáncer, pero no de nadie que conociera o me importara. Siempre era el primo de la madre de algún vecino. Así que puedes ver lo impactado que estaba. Recuerdo que me temblaba la mano mientras buscaba en Google "esperanza de vida en la etapa 4 del cáncer de páncreas". Decía "2 meses". Me quedé sin palabras. No paraba de llorar incontroladamente. Verás, pensaba reconstruir todo con mi padre. Tenía que demostrarle que su hijo había tenido éxito. Tenía dinero e iba a ser un buen padre, ¡un mejor padre! Pero poco sabía yo que estaba siguiendo sus pasos. No me malinterpreten. Yo pensaba que mi padre era horrible en los negocios. Mi padre era dueño de una gasolinera en Norwalk y sus clientes eran principalmente blancos mayores y latinos. Y cada vez que mi padre arreglaba el coche de alguien le decía que se comprara un Toyota. Papá decía que Toyota hacía los mejores coches y que duraban para siempre sin costar mucho en reparaciones. Yo me acuerdo de que cuando era más joven, le preguntaba a mi padre: "¡pero si todos tus clientes compran Toyotas no vas a tener ningún negocio!". Recuerdo que ese día me dio una paliza y me dijo que tenía que aprender a "ser una buena persona". Entonces no lo entendía, pero ahora sí. Mi padre era el hombre más honesto que he conocido.

Sin embargo, recuerdo que no se me retorcía el alma por el dinero. Quiero decir que cuando se trataba de ganar dinero, era bueno en ello. Tal vez demasiado bueno. Quería ser como Gordon Gekko de la película Wall Street y crecí sin saber que mi padre no estaba orgulloso de mí.

En fin, al enterarme de que mi padre iba a morir, entré en pánico para revivir mi vida. Como en la película Bucket List, necesitaba corregir todos los errores. Pero lamentablemente aprendí de la manera más dura que la vida no tenía un botón de “rebobinado” en mi vida - ni en la de nadie. No hay “vuelta atrás”.

El tiempo que se pierde, se pierde. Solo se puede arreglar el presente y el futuro. Mi padre tenía un alma bondadosa. Tenía buenas intenciones.

Sin embargo, al final se dio cuenta de que no se puede “rehacer”. Como en la película *Click*, donde Adam Sandler se da cuenta de que no se puede rehacer. ¿Y quién era yo para restregárselo en la cara a mi padre? De cualquier manera, el cáncer creció rápidamente y pronto... sucedió lo inevitable.

Los siguientes dos meses los pasé todos los días con mi padre. Un consejo: cuando un ser querido está en cuidados paliativos, lo mejor que puedes hacer es que esté cómodo. No sé en qué estaba pensando, y fui tan estúpida ahora que reflexiono: quería un cierre. Deseaba saber todo lo que ya sabía que era mi padre. Él me amaba. Realmente lo hizo. Cometía errores, pero era casi como si quisiera sacarle la respuesta a golpes. Debería haber sido más valiente, pero volvía a ser el niño pequeño de mis ojos. Finalmente obtuve la disculpa que quería, que fue como un cuchillo en mi corazón. Mi padre me dijo, en sus últimos días, “Sé una buena persona y pasa tiempo con tus hijos y ámalos. Siempre te he querido. Quería lo mejor para ti y para tu hermano. Viniendo de Corea, un país muy pobre, no quería que sufrieras. Así que trabajé duro para nuestra familia. Y de alguna manera conseguí que me odiaras y por eso lo siento de verdad". Me mató cuando dijo eso. Sabía que me quería. Lo sabía.

Por lo tanto, ahí está el dolor en mi corazón. Me siento tan culpable. Después de la muerte de mi padre, volví a trabajar. Intenté de alguna manera rehacer mi pasado, pero me di cuenta de que el pasado se acabó. Seguí pensando en lo que me dijo mi padre: "No me importa cuánto dinero tengas, solo sé una buena persona". No dejaba de preguntarme: "¿De qué estaba hablando?". Mis hijos van a una escuela privada. Viven en Newport Beach. "¿Qué quiere decir?" Estaba triste, confundida y muy dolida. Mi vida era un pastel de piña al revés.

Un día llegué a casa tarde, como de costumbre, y los niños ya estaban dormidos. Encendí la televisión y estaba el programa *Keeping Up with the Kardashians*. Y me quedé pensando y pensando: "¿Por qué demonios llego a casa tan tarde? ¿Qué ha pasado para que yo acueste a los niños como me había prometido?". Cuando era pequeño, quería tener una familia y soñaba con jugar con mis hijos y acostarlos por la noche. Así que me preguntaba una y otra vez: "¿Por qué demonios me preocupa más lo que hacen las Kardashian en sus vidas cuando yo tengo mi propia vida que vivir?". De este modo nació el concepto de ***KeepingUpwiththeParks.com.***

En ese momento decidí actuar de forma masiva: iba a convertirme en una persona diferente, decidí convertirme en la persona de la que me hablaba mi padre en su lecho de muerte. Mi padre me dejó un regalo. El pasado no lo podía cambiar, pero el futuro sí. Así que ahora he renacido. No soy la misma persona. Seré el mejor marido para Andrea y el mejor padre para nuestros 5 hijos. Gracias, papá. Lo entiendo. Te quiero con todo mi corazón.

Este libro -mi cuarto- está dedicado a mi padre, Jung Sil Park. Él permanecerá en mi corazón y en mi mente para siempre.

He compartido abiertamente **Mis páginas traseras** con ustedes para ayudarles a entender que, aunque este libro se titula **El Camino a un Millón de Henry Park**, no se trata de dinero. La vida tiene que ver con el amor y con las personas que amamos. ¡Comencemos! Día 1

EPÍLOGO

Toda muerte nos recuerda que nada está prometido, solo que la vida valió la pena.

— Shannon Alder
300 Questions to Ask Your Parents Before It's Too Late (2011)

Todo lo que hay en este libro, cada letra, cada palabra, cada foto, cada gráfico, cada cita, cada letra, tiene un propósito. Quizá parezca una maraña de retazos, pero ha sido diseñado, escrito y compartido para informarte e inspirarte a vivir la vida como tú quieres.

Daría gustosamente millones de dólares por volver atrás en el tiempo y tener una conversación con mi padre sobre su vida. Me gustaría escuchar sus historias sobre cómo creció y cómo soñaba con venir a Estados Unidos con su familia. Le preguntaría sobre sus sueños de tener una casa y un negocio. Recordando la vida de mi padre, él era el sueño americano: un inmigrante pobre que dejó su país para conseguir una vida mejor para su familia. Siempre será mi héroe. Te amo, papá.

Hawaiian Gardens

Días felices y años maravillosos

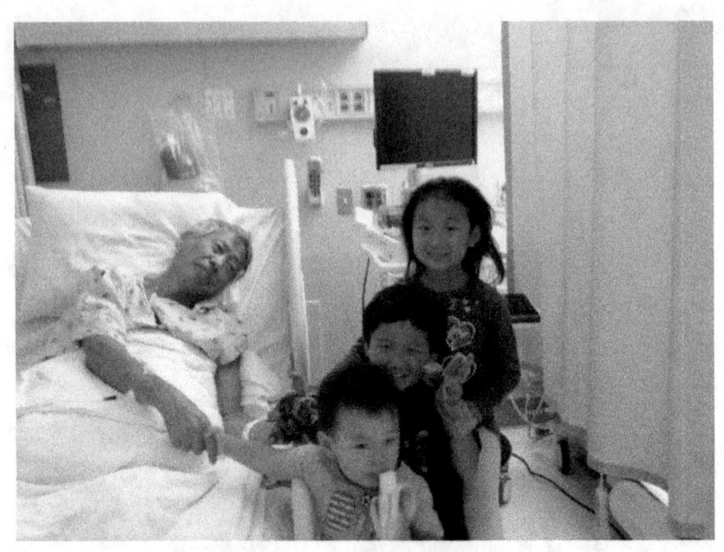

Papá aferrándose a la vida (literalmente)

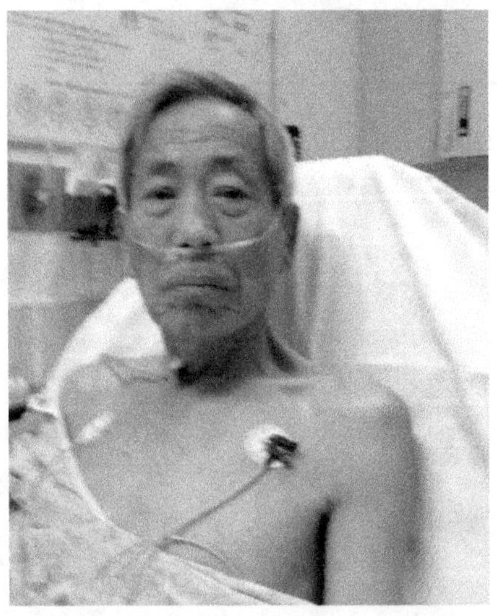

¿Qué estaría pensando papá?

Recordando al abuelo

En mis años más jóvenes y vulnerables, mi padre me dio un consejo al que he dado vueltas en mi cabeza desde entonces. Cada vez que tengas ganas de criticar a alguien”, me dijo, “recuerda que todas las personas de este mundo no han tenido las ventajas que tú has tenido”.

— Nick Caraway
The Great Gatsby (1925)
F. Scott Fitzgerald

TRES

Hay gente que tiene dinero y gente que es rica

— Coco Chanel

TRES
RIQUEZA

El sueño americano es un término que se utiliza a menudo, aunque también se malinterpreta. En realidad no se trata de hacerse rico o famoso. Es algo mucho más sencillo y fundamental que eso.

— Marco Rubio
Senador de los Estados Unidos por Florida

Cada uno de nosotros -de donde sea que venga, esté ahora o se dirija- cuenta con su propio sueño individual de vivir su vida como debe ser vivida. ¿Cuál es el tuyo?

Ser rico es un concepto que se remonta a la época de las cavernas. Y hacerse rico tiene sus costes. En la película de 1994 Los Picapiedra, Betty Mármol (interpretada por Rosie O'Donnell) les decía a Pedro y Vilma Picapiedra: "Antes eran gente tan buena, pero ahora... ¡solo son un par de ricos snobs!".

La gente habla mal de la "gente rica" continuamente sin ni siquiera intentar entender el concepto de ***riqueza***. Así que en este capítulo vamos a hablar del concepto de **riqueza**.

Una búsqueda en Google de "riqueza" arrojó unos 3.210.000.000 resultados en 0,69 segundos. Y lo define **riqueza** como "el estado de ser rico". Una búsqueda en Google de "riqueza" devolvió unos 1.530.000.000 resultados en el mismo tiempo y define riqueza como "tener una gran cantidad de dinero o bienes, rico".

La cultura estadounidense -y prácticamente todas las culturas desde el principio de la humanidad- está repleta de historias, leyendas, mitos, fábulas y sueños sobre la riqueza y los bienes.

De niños cazábamos huevos de Pascua y jugábamos al Monopolio. Los ricos -y los personajes de los dibujos animados- aparecen por todas partes en nuestro mundo imaginario. Está Ricky Ricón -el pobre niño rico- y Shirley Temple en la película *La Pobre Niña Rica*. Está la novela de Mark Twain *El príncipe y el mendigo.*

Está Scrooge McDuck, basado en el personaje de Charles Dickens Ebenezer Scrooge en su novela de 1843 *Cuento de Navidad*. Además, hay otro pato rico, su sobrino

Donald, que mantiene un perfil más bien bajo de "millonario de al lado".

Por último, pero no por ello menos importante, están Gordon Gekko, interpretado por Michael Douglas en *Wall Street* (1987), y Jordan Belfort (una persona real), interpretado por Leonardo DiCaprio en *El lobo de Wall Street* (2013).

Los libros están llenos de historias sobre "trapos a la riqueza" como las creadas por Horatio Alger Jr. que tuvieron un gran impacto positivo en América durante La *Edad Dorada* (1870-1900).

Y casi todos los que sueñan con hacerse ricos han leído - y releído- el emblemático clásico de Napoleón Hill de 1937 *Piense y Hágase Rico.*

Además de los millonarios inventados, nuestro mundo siempre ha estado lleno de ricos en tiempo real. Subamos a nuestra máquina del tiempo

Primera parada - Las minas del rey Salomón - 970 a.C. El **rey Salomón** fue el último rey de Israel y se dice que tenía 25 toneladas de oro.

Después, el Imperio Romano, en torno al año 50 a.C., para visitar al emperador **Augusto César**, cuyo valor neto podría rondar los 5 billones de dólares actuales.

Al lado del Imperio Mongol, hacia finales del siglo XIX. **Gengis Khan** gobernó el que podría haber sido el mayor imperio físicamente conectado de la historia y posiblemente valía trillones de dólares (con T).

En Rusia, el **zar Nicolás**, antes de su prematura muerte en 1918, construyó un imperio valorado en cientos de miles de millones de dólares.

Y vamos a visitar el África Occidental en el año 1300. **Mansa Musa**, el rey de Timbuktú. Según la revista Time "no había manera de poner un número exacto en su riqueza". Pero se estima que valía cientos de miles de millones de dólares.

Estas fortunas legendarias eran enormes porque estaban controladas por conquistadores que se apoderaban de todo lo que podían por la fuerza.

De vuelta a los tiempos modernos, visitemos a algunos "barones ladrones" Están Henry Ford, Andrew Carnegie, Cornelius Vanderbilt y John D. Rockefeller. Y los legendarios multimillonarios J. Paul Getty y Howard Hughes (interpretado por Leonardo DiCaprio en la película de 2004 - *El aviador*) - eran una raza totalmente diferente.

Entonces, ¿qué aprendimos de nuestros viajes en la máquina del tiempo? Lo primero es que los ricos, ricos con **R** en mayúscula, *eran relativamente* más ricos en los buenos tiempos. Probablemente nunca habrá fortunas como las del rey Salomón, Augusto César, Gengis Kan, Mansa Musa o el Conde de Montecristo.

Sin embargo, la riqueza amasada por algunos de los 3.000 multimillonarios actuales hace que J. Paul Getty y Howard Hughes parezcan pobres. Lo mismo ocurre con muchos de los 50 millones de millonarios del mundo. Lo que quiero decir es que la riqueza es relativa. Siempre habrá alguien más rico Y más pobre que tú.

Warren Buffet, Bill Gates, Jeff Bezos, Mark Zuckerberg, Elon Musk, Oprah Winfrey, Richard Branson y un largo etcétera: todos son leyendas vivas. Y cada uno de ellos tiene su propia historia de su **Camino a un Millón (o a los Billones).**

Estamos bombardeados con historias de "pobreza a riqueza". Son una docena de ellas y puede que no signifiquen mucho para nosotros porque no somos nosotros, y nosotros no somos ellos.

Dicho esto, es importante que entendamos cómo se acumulaba la riqueza antes, y cómo se acumula hoy en día.

Tal y como he dicho, hubo conquistadores que no hicieron nada para crear riqueza. Se limitaban a tomar lo que podían por cualquier medio posible (normalmente la fuerza bruta) y aferrarse a ello el mayor tiempo posible. Entre este grupo se encuentran las personas que visitamos en nuestro viaje en la máquina del tiempo, así como todos los grandes nombres de la historia antigua y moderna; llamémoslos simplemente "Los malos".

Luego estaban los "barones del robo", que no eran mucho mejores. Construyeron grandes fortunas explotando a otros en su propio beneficio.

Howard Hughes, tan loco como era, representó una nueva era de empresarios. Fue un pionero de la aviación y de Hollywood y aportó un valor añadido al juego.

Durante la última mitad del siglo XX hubo muchos empresarios millonarios hechos a sí mismos cuyos nombres y empresas y productos reconocemos fácilmente.

Estaban los “empresarios de la alimentación”: Ray Croc (McDonald's), Carl Karcher (Carl's Jr.), John Galardi (Wienerschnitzel), Glen Bell (Taco Bell), Verne Winchell (Winchell's Donuts) y tantos otros.

Ahora están los millonarios y multimillonarios del “deporte y el entretenimiento”, que incluyen nombres como Gordon Ramsay, Oprah, J Lo, Jay Z, Magic Johnson y, sí, incluso Snoop Dogg.

Y hablando de Snoop Dogg tenemos a los “Empresarios del Cannabis” que se están convirtiendo en multimillonarios más rápido que la Tuna en el Soplado (2001).

Todos queremos ser millonarios y 50 millones de personas se han unido a ese club no tan selecto. Lo digo porque muchos millonarios se están haciendo de oro con las drogas ilegales, el porno, el tráfico de personas, la prostitución y otras industrias que están fuera del alcance de este libro. Pero hay bastantes formas legales de llegar hasta allí.

Entonces, ¿cuáles son las formas legales (y realistas) de hacer caja (es decir, de conseguir dinero) en la **economía actual del C19**? Hay cinco caminos distintos -pero no necesariamente excluyentes- para conseguir un millón y aquí están:

1. **Ganar dinero trabajando y ahorrando**
   Este es el más común, el más difícil y, por lo general, el más lento (a menos que tengas el talento necesario para exigir un gran salario anual garantizado y megabonificaciones). Si eres un cirujano cardio-torácico, un artista de hip-hop de éxito o un lanzador de las grandes ligas, este es probablemente tu **Camino a un Millón**. Si eres "Joe el fontanero" o preguntas "¿quieres patatas fritas con eso?" en tu trabajo, *probablemente* no te sirva.

2. **Heredar o casarse**
   Si tienes padres ricos o un tío rico o un fondo fiduciario, lo tienes todo listo: pasa GO y cobra 200 o 200 millones de dólares. Recuerda lo que dijo una vez **Teflon Tim**: "Puedes casarte con más dinero en 5 minutos de lo que puedes ganar en toda tu vida". No obstante, ten en cuenta que la riqueza heredada puede darte las "cosas" que quieres, pero no garantiza la **VIDA** que deseas.

3. **Invertir en "el mercado" con éxito**
   De esto es de lo que hablo - de esto es de lo que trata este libro - **El Camino a los Millones de Henry Park** y mis clases semanales de Zoom. Invertimos en **acciones, bonos** e **inversiones alternativas.**

4. **Invertir en bienes inmuebles**
   Hay quien incluye el **sector inmobiliario** en la categoría de inversiones alternativas, pero yo lo pongo en una categoría aparte. Las inversiones inmobiliarias pueden ser residenciales, comerciales y globales.

5. **Iniciar o comprar un negocio**
   Ya hemos visto que emprender y ser propietario de un negocio puede ser un **Camino a un Millón**, pero también puede conducir a un gran desastre y acabar con usted en un nanosegundo. Por lo tanto, **caveat emptor** - piensa en lo que estás haciendo y por qué antes de saltar al ***Tanque de los Tiburones*** o puedes encontrarte en la ***Cocina del Infierno***. Una pista, muchos Baby Boomers están buscando estrategias de salida, por lo que hay algunas grandes empresas por ahí que pueden ser adquiridas con un descuento.

Estos NO son tiempos inciertos, y NO estamos todos juntos en esto. Son tiempos muy seguros. La certeza es que el mundo se ha puesto al revés y que probablemente seguirá al revés durante mucho, mucho, tiempo -si no para siempre-. No hay nada más lejos de la verdad que "estamos todos juntos en esto". La pandemia ha creado MONSTRUOS y decir que es un mundo de "perro-come-perro" es decirlo suavemente.

El año pasado (julio de 2020) -unos meses después de que empezáramos a lavarnos las manos **hasta la saciedad** y a cubrirnos la cara **con trapos** y **pañuelos de pandilla**- publiqué un libro titulado ***C19 Economics: Your Guide to Personal and Business Finance***. Una tarea para ti es leer mi libro y aprender sobre los retos y oportunidades de la economía pandémica.

Jamás ha habido una economía como la que tenemos ahora. Créanme que hay oportunidades de toda la vida en **Inversiones, Bienes Raíces** y **Negocios**. Estos son los momentos más emocionantes de mi vida. Me refiero a que he participado en muchas carreras, siempre he cruzado la línea de meta, y tengo todas las camisetas para demostrarlo - ¡pero esto es IT!

Si no puedes convertirte en multimillonario en los próximos años, no sé qué decirte. De acuerdo, antes de que tires este libro a la basura déjame explicarte lo que quiero decir. Mi objetivo personal es mostrarte cómo ganar 1.000.000 de dólares. Déjeme ser perfectamente claro. Estás invirtiendo el dinero por tu cuenta - en tu propia cuenta y en tu propio nombre.

He escrito y publicado este libro para que empieces a recorrer tu propio **Camino a un Millón**. No quiero ni necesito su dinero. Tengo mucho de mi propio dinero y estoy haciendo más todo el tiempo. Y no lo estoy ganando con libros, seminarios, podcasts o webinars. Tampoco tengo una piscina ni un Ferrari. No soy un gurú ni un orador motivacional. Solo soy un tipo que creció en el barrio (Hawaiian Gardens es la ciudad más pequeña del condado de Los Ángeles) como un pobre chico coreano al que todos los compañeros pensaban que era un asiático rico y loco. Aquello me perturbó mucho, y aún lo hace. Yo era el niño que trabajaba en la cafetería para obtener mi almuerzo gratis mientras ellos llevaban zapatos de diseño.

Lo único que se interpone entre tú y tu objetivo es la historia de mierda que te cuentas a ti mismo sobre por qué no puedes conseguirlo.

— Jordan Belfort (Leonardo DiCaprio)
The Wolf of Wall Street (2013)

CUATRO

Conozco la diferencia entre la magia negra y la magia blanca.

— Tina Turner

CUATRO
LA MAGIA DE WALL STREET

Por veinte dólares puedo contarte muchas cosas. Por treinta dólares puedo decirte más. Y por cincuenta dólares puedo contarte todo.

— Madam Ruby (Erica Yohn)
Pee-wee's Big Adventure (1985)

En la actualidad, el término Wall Street se refiere a algo más que a la sección de Nueva York donde se encuentra la Bolsa de Valores de Nueva York. Se trata de un término general que se refiere a todos los mercados financieros de Estados Unidos.

Wall Street es el lugar más mágico del mundo: más mágico que el Castillo de la Bella Durmiente en Disneylandia, que un espectáculo de David Copperfield o Penn y Teller en Las Vegas, o que el Planetario del Observatorio de Griffith Park, todo en uno.

Trabajar en Wall Street es como tirarse por la madriguera de Alicia, saltar por el camino de baldosas amarillas y despertarse en la Dimensión Desconocida, todo al mismo tiempo. Pura magia. Pero Wall Street sigue siendo, en muchos sentidos, un club privado donde hay jugadores y "play-az", roles que cambian continuamente.

Como banquero hipotecario, Wall Street es mi mundo, y lo ha sido durante la mayor parte de mi carrera. Wall Street es seductor y adictivo, está alimentado por el bombo y la hipérbole, y puede ser dulce y amargo al mismo tiempo.

En caso de que no hayas visto a Eddie Murphy como Billy Ray Valentine en Trading Places (1983), esto es lo que quiero decir con dulce y amargo al mismo tiempo:
Bien, el precio de la panza de cerdo ha estado bajando toda la mañana. Los precios de la panza de cerdo han estado cayendo toda la mañana, lo que significa que todo el mundo está esperando a que toque fondo para poder comprar barato e ir en largo. Lo que significa que la gente que posee los contratos de panza de cerdo se está volviendo loca. Están diciendo: "Oye, estamos perdiendo todo nuestro maldito dinero, y la Navidad está a la vuelta de la esquina, y no voy a tener dinero para comprarle a mi hijo el G.I. Joe con la empuñadura de kung-fu, ¿verdad? Y mi esposa no va a c... mi esposa no va a hacer el amor conmigo porque no tengo dinero, ¿verdad?' Así que están entrando en

pánico ahora mismo, y están gritando "¡Vende! "¡Vende!" para salir antes de que el precio siga bajando. ¡Están entrando en pánico ahora mismo! ¡Puedo sentirlo! ¡Están ahí fuera!

Aquí hay más películas sobre Wall Street:

Wall Street	1987
Glengarry Glen Ross	1992
Barbarians at the Gate	1993
Liar's Poker	1999
American Psycho	2000
Boiler Room	2000
Margin Call	2011
The Pit	2009
Wall Street: Money Never Sleeps	2010
Chasing Madoff	2010
The Flaw	2011
Goldman Sachs: Master of the World?	2011
Margin Call	2011
Arbitrage	2012
The Wolf of Wall Street	2013
How to Be a Billionaire	2014
The Big Short	2015
All Wars Are Bankers' Wars	2016
The Wizard of Lies	2017
Inside Lehman Brothers	2019

Puedes ver estas películas, o puedes leer este libro, unirte a mi **Grupo de Facebook**, y asistir a mis clases online en Zoom - y te enseñaré más de lo que necesitas saber.

A continuación voy a compartir **Mis 13 Trucos Mágicos** basados en mi experiencia en **Wall Street** y te proporcionaré todas las herramientas que necesitas para tener éxito en tu **Camino a un Millón.**
Recuerda que no hay dos **Caminos a un Millón** que sean ni remotamente idénticos y rara vez son incluso similares. Lo que quiero decir es que le voy a dar las herramientas - el resto depende de ti.

1
CONOCIMIENTO

El conocimiento es PODER. Cuanto más aprendas sobre la economía, los mercados, las empresas objetivo y las inversiones de tu cartera, más éxito tendrás. Así que no pierdas el tiempo en las redes sociales, que podrías invertir en ti mismo y en tus conocimientos de inversión: el mayor retorno de la inversión posible es invertir en ti mismo.

Cuídate de los libros, cursos, seminarios y webinars que tienen un único objetivo: ¡joderte el dinero!

2
TIEMPO

El tiempo es TODO. Recuerda que nunca eres capaz de cronometrar la parte superior o inferior del mercado - pero tienes que ser capaz de maximizar tu rendimiento en las operaciones y obtener lo máximo posible en el medio.

Recuerda que cuando crees que es el momento adecuado para comprar las cosas de alguien es el momento adecuado para vender y viceversa.

3
KARMA

El karma puede ser una perra — o puede ser una bendición. Me refiero a que todo comercio tiene un lado opuesto. Si estás comprando, alguien está vendiendo. Si estás vendiendo, alguien está comprando. Ponte en la mente del comerciante que coincide y averigua **por qué** está haciendo lo que está haciendo y **por qué** estás haciendo lo que estás haciendo.

Piensa en la compra de un coche usado. ¿Por qué lo vende la otra persona? ¿Y por qué lo compras tú? Un comprador dispuesto y un vendedor dispuesto llegan a un acuerdo.

4
PRÁCTICA

En la inversión no hay práctica. O aprietas el gatillo, o no lo haces. Olvídate de los juegos de intercambio y de las carteras de papel. Eso es como jugar a las cartas por "diversión". Si quieres jugar a las cartas por diversión, entonces juega una partida de Crazy 8's o Go Fish. Si quieres jugar al póquer como los grandes, entonces da un paso adelante y ponte en juego.

Reemplaza la práctica por la EXPERIENCIA. La experiencia te convertirá en un inversor ganador.

5
DISCIPLINA

El **factor X** de la inversión es la **DISCIPLINA.** Algunos la tienen, la mayoría no. ¡Invertir puede ser como comer esa bolsa de patatas fritas Kettle® Brand Hot! Jalapeño: hay que saber cuándo dejar de comerlas. Y en ocasiones, hay que saber cuándo tirarlas a la basura y olvidarse de ellas.

Al igual que en la canción de Meghan Trainer, que canta "'bout the base, no treble", invertir se trata de la DISCIPLINA.

6
ENFOQUE

Te has preguntado alguna vez por qué un caballo de carreras lleva anteojeras (y no es por elección)? Las anteojeras limitan la visión periférica (lateral) del caballo y le obligan a mirar hacia delante, hacia la línea de meta. Céntrate en ti u olvídate de hacerte rico y trabaja en Carl's Jr.® donde puedes consultar Facebook entre que preguntas a los clientes “¿quiere el combo?”

No apartes la vista del Camino a los Millones, mantén la concentración.

7
TECNOLOGÍA

Cuando empecé a trabajar en Wall Street, la tecnología estaba relativamente en la Edad Media en comparación con la actualidad. Gasté decenas de miles de dólares en herramientas e información que están disponibles a un coste excepcionalmente bajo (y a veces sin coste alguno) para cualquiera que tenga un ordenador o un smartphone. Invierte en la mejor tecnología y asegúrate de aprovecharla.

La tecnología puede ser tu mejor amigo, o tu peor enemigo. Invierte en lo mejor y utilízalo con sabiduría.

8
LEYENDAS

Héroes y villanos: así es Wall Street. Y estate preparado para que los héroes se conviertan en villanos tan rápido como se ejecuta electrónicamente una operación en una bolsa: en menos de un nanosegundo. Advertencia: no hay que fiarse mucho de los "lobos de Wall Street" de hoy, porque mañana pueden estar jugando al ajedrez con Bernie.

¿Acaso la frase de Gordon Gekko en *Wall Street* (1987) - "La codicia, a falta de una palabra mejor, es buena"- le convierte en héroe o en villano?

9
MITOS

Más que cualquier otro lugar del mundo, Wall Street está lleno de mitos. La gente se inventa todas esas historias de mierda sobre cómo han sincronizado el mercado a la perfección o han "descubierto" una empresa que "nadie conocía". Sí, algunas historias son ciertas, pero ***caveat emptor***.

Los mayores mitos de Wall Street son que se necesita un MBA o que hay que "conocer a alguien".

10
MONSTRUOS

Todos tenemos nuestros propios monstruos en algún lugar de nuestra mente. No permitas que tus monstruos te destruyan por dentro. Tus monstruos pueden ser de todo, desde malas personas hasta malos oficios. Evita que tus monstruos te jodan la cabeza.

FOMO - Fear of Missing Out (Miedo a perderse algo) - es un monstruo que puede joder tu mente.

11
CREER

De *Peter Pan*, de J.M. Barrie (1914): **"En el momento en que dudas de poder volar, dejas de poder hacerlo para siempre".** Para llegar a ser millonario, hay que creer que se puede llegar a serlo. Y eso es todo lo que tengo que decir al respecto.

Cree en ti mismo, cree en Dios (sea lo que sea que creas que es tu Dios) y, con suerte, cree en el *Camino a los Millones de Henry Park.*

12
CORAJE

Lo creas o no, el valor viene en todos los tamaños, colores y sabores. Necesitas valor para hacerte millonario, pero no lo encontrarás saltando por el camino de baldosas amarillas con Dorothy, Toto, el Espantapájaros y el Hombre de Hojalata cantando "Leones y tigres y osos... ¡vaya!". **Está en tu corazón, no en la Tierra de Oz.**

¿Te identificas más con el León Cobarde o con Oz el Grande y Poderoso?

13
MAGIA NEGRA

C**asi todo el mundo que es alguien** ha cantado la icónica canción ***That Old Black Magic*** (1942 - música de Harold Arlen y letra de Johnny Mercer). Y hay una razón, todos amamos "esa vieja magia negra": es lo que hace que **Wall Street** sea tan condenadamente seductor.

Alquimia, chamanismo negro, vudú, macumba: ¿crees en la magia negra?

Las dos palabras **Wall Street** nos evocan tantas visiones diferentes como estrellas hay en el cielo.

Mucha gente piensa en el Tío Rico Pennybags, también conocido como el **Sr. Monopolio**, la mascota de este juego de mesa que lleva una gran sonrisa descomunal, un bigote, un traje de chaqueta con pajarita y un sombrero de copa.

Los grandes farsantes -ya sabes cómo son- fuman puros porque creen que eso es lo que hacen los millonarios. A la gente le encanta imitar a los millonarios, pero la mayoría ni siquiera sabe lo que es ser millonario porque nunca ha tenido un patrimonio neto de **1.000.000 de dólares** o más (fuera de su residencia principal). Hay "millonarios de papel" y hay "millonarios líquidos" y están lejos de ser el mismo animal.

Lee ***The Millionaire Next Door****: The Surprising Secrets of America's Wealthy*, de Thomas J. Stanley y William D. Danko. Publicado en 1996, sigue siendo relevante y explica por qué no todos los millonarios tienen mansiones con piscinas, tienen jets privados y conducen Bentleys. Tampoco todos los millonarios fuman puros ni se parecen al **Sr. Monopolio**.

Cuando los holandeses controlaban Nueva York ("Nueva Ámsterdam") la calle se conocía como de Waalstraat y había un muro construido a lo largo de la calle para proteger a los colonos de los nativos americanos.

En el año 1700, los comerciantes y especuladores se reunían en torno a un botellón para negociar valores. Así nació la Bolsa de Nueva York. Quizá hayas visitado Wall

Street y hayas visto el suelo de la Bolsa de Nueva York. Es una gran experiencia, no solo la primera vez, sino todas las veces.

Así pues, Wall Street es un lugar histórico y mágico para muchos de nosotros. Para otros, evoca pesadillas de **cerdos capitalistas** y todo lo que se cree que es malo de la historia de Estados Unidos, como los conflictos con los nativos americanos y el mercado de esclavos que existía allí en los años 1600 y 1700.

Puedes hacer de Wall Street lo que quieras que sea: bueno, malo, feo o incluso mágico.

Wall Street
es el único lugar
en el que la gente
va en un
Rolls Royce
para recibir consejos de
los que toman
el metro.

— Warren Buffett

CINCO

En cualquier inversión, uno espera divertirse y ganar dinero.

— Michael Jordan

CINCO
VEHÍCULOS DE INVERSIÓN

No te creas el bombo de Wall St. y a la prensa de que las acciones siempre suben. Hay largos periodos en los que las acciones no hacen nada, y otras inversiones son mejores.

— Jim Rogers

El mundo de las inversiones abarca mucho más que las acciones y los bonos: los diferentes vehículos de inversión tienen diferentes riesgos y recompensas.

- Acciones
- Bonos
- Fondos de inversión
- ETFs
- CEFs
- Fondos de cobertura
- Cripto
- Commodities
- Anualidades
- Coleccionables
- Metales preciosos
- Bienes inmuebles
- Propiedad de negocios
- Inversiones alternativas
- Forex
- Opciones
- Cosas raras

Has visto la película de 1956 *La vuelta al mundo en ochenta días* (o la versión de 2004)? ¿O has leído la novela del escritor francés Julio Verne publicada en 1873?

La vuelta al mundo en ochenta días es la historia del londinense Phileas Fogg y de su recién contratado ayudante de cámara francés Passepartout. Fogg apuesta a sus amigos 2.000.000 de dólares a que puede dar la vuelta al mundo en 80 días. Para ganar la apuesta, Fogg recurre a todo tipo de medios de transporte, desde camellos hasta trenes y desde globos aerostáticos hasta barcos.

Al empezar tu viaje en **Camino a un Millón de Henry Park**, abre tu mente a todo tipo de vehículos de inversión. Elige y utiliza el mejor vehículo para cada circunstancia única. Haz tu selección basándote en conseguir el menor riesgo y el menor coste que te lleve a tu próximo destino en el menor tiempo posible.

Un último consejo: haz tus deberes. Cada semana cubro un tipo diferente de inversión y varias estrategias de inversión en mi **Zoom de los viernes a las 5:00 PM (Hr. Del Pacífico).- ID de reunión 589 380 4727.**

ACCIONES

Las acciones son un tipo de inversiones que se denominan en inglés **securities.** Las acciones indican propiedad y también se denominan **equities.** Las acciones representan un derecho a la parte proporcional de los activos y beneficios de una empresa, determinada por el número de acciones que usted posee dividido por el número de acciones en circulación que tiene la empresa. **Las acciones ordinarias** tienen derecho a voto, pero las preferentes tienen preferencia sobre los dividendos. Las personas que poseen acciones de una empresa se denominan **accionistas.**

Las acciones se cotizan en todo el mundo en las bolsas o **mercados de valores.** Estas acciones se denominan **acciones cotizadas.** Hay muchos tipos de acciones: **Blue Chip** (empresas grandes y rentables), **Small Cap, extranjeras, especulativas, de valor, de crecimiento, de renta, Penny Stocks** - y acciones de empresas privadas.

ACCIONES

<u>Instrucciones:</u> Obtengamos algo de información sobre ti y sobre las **ACCIONES**. ¿Cuál es tu nivel de experiencia? ¿Tienes ACCIONES en la actualidad? Si es así, ¿cuáles? ¿Qué **OPINAS** de las ACCIONES como vehículo en tu **CAMINO A UN MILLÓN**?

BONOS

Los bonos son **títulos de deuda** emitidos a un año o más por empresas, gobiernos u organismos para obtener capital mediante el préstamo de dinero. Un bono, al igual que un pagaré, es una promesa de devolver el principal (cantidad prestada) junto con los intereses a un tipo de interés específico en una fecha concreta. Algunos bonos no pagan intereses, pero todos los bonos requieren la devolución del principal.

La mayoría de los bonos se emiten con un valor nominal y un cupón que es un porcentaje del valor nominal.

Hay **bonos corporativos, bonos del gobierno de EE.UU.** (del Tesoro) y **bonos municipales** (emitidos por gobiernos estatales y locales).

Los bonos pueden comprarse directamente a los emisores y en el **mercado secundario**. El precio de un bono aumenta a medida que disminuye su rendimiento y viceversa.

Instrucciones: Obtengamos algo de información sobre ti y sobre los **BONOS**. ¿Cuál es tu nivel de experiencia? ¿Tienes BONOS en la actualidad? Si es así, ¿cuáles? ¿Qué **OPINAS** de los BONOS como vehículo en tu **CAMINO A UN MILLÓN?**

FONDO DE INVERSIÓN

Un **fondo de inversión** es una sociedad de inversión que recauda dinero de los accionistas para invertir en acciones, bonos, opciones, materias primas, valores del mercado monetario u otros vehículos de inversión.

Se trata de fondos abiertos tradicionales que siguen permitiendo la entrada (y salida) de dinero del fondo de inversión. Las participaciones de los fondos de inversión pueden rescatarse al NAV (Valor Neto de los Activos) al cierre de cualquier día de negociación.

- Se cobra una vez al día a las 16:00 (hora del este)
- La accesibilidad a la compra varía
- La transparencia de la cartera es **baja**
- **No** hay opciones cotizadas
- Se ponen a la venta continuamente
- Gestionados activamente por profesionales
- Tienen raciones de gastos y, normalmente, esquemas de comisiones

Instrucciones: Obtengamos algo de información sobre ti y sobre los **FONDOS DE INVERSIÓN**. ¿Cuál es tu nivel de experiencia? ¿Tienes FONDOS DE INVERSIÓN en la actualidad? Si es así, ¿cuáles? ¿Qué **OPINAS** de los FONDOS DE INVERSIÓN como vehículo en tu **CAMINO UN MILLÓN**?

ETFs

Los **fondos cotizados en bolsa (ETF)** son muy parecidos a las acciones: se pueden establecer órdenes limitadas, poner en corto las acciones y comprarlas con margen. La estructura de capital de los ETF no es cerrada. Los ETF se gestionan activamente y la mayoría de ellos siguen la evolución de un índice de inversión.

Los ETF no pueden emitir deuda ni acciones preferentes y están diseñados para proteger a los inversores de las plusvalías mucho mejor que los fondos abiertos o los fondos cerrados.

- Precios intradía
- Alta transparencia de la cartera
- Opciones cotizadas
- Oferta continua
- Gestión pasiva
- Cartera subyacente de inversiones con un valor liquidativo (NAV)

Instrucciones: Obtengamos algo de información sobre ti y sobre los **ETFs.** ¿Cuál es tu nivel de experiencia? ¿Tienes ETFs en la actualidad? Si es así, ¿cuáles? ¿Qué **OPINAS** de los ETFs como vehículo en tu **CAMINO A UN MILLÓN?**

CEFs

Los fondos cerrados (CEF) emiten un número fijo de acciones que suelen negociarse en una bolsa de valores. El precio de la acción lo determina el mercado y puede representar más (una prima) o menos (un descuento) del valor liquidativo (NAV) de las inversiones subyacentes del fondo.

Los fondos cerrados comparten algunas cosas con los fondos de inversión tradicionales (abiertos) y los ETF, pero también hay diferencias importantes.

- Gestionados activamente por profesionales
- Tienen ratios de gastos y, por lo general, esquemas de comisiones
- Pueden ofrecer distribución de ingresos y ganancias de capital a los inversores
- Operan durante el día en las bolsas
- Pueden establecer órdenes limitadas, ponerse en corto con las acciones y comprar con margen
- Las carteras pueden estar apalancadas

<u>Instrucciones:</u> Obtengamos algo de información sobre ti y sobre los **CEFs**. ¿Cuál es tu nivel de experiencia? ¿Tienes CEFs en la actualidad? Si es así, ¿cuáles? ¿Qué **OPINAS** de los CEFs como vehículo en tu **CAMINO A UN MILLÓN?**

FONDOS DE COBERTURA

Los fondos de cobertura están diseñados para utilizar estrategias de inversión no tradicionales con el fin de generar rendimientos de inversión superiores a los normales mediante el uso de tácticas como la venta en corto, la negociación de programas, el arbitraje de riesgos, el apalancamiento, y herramientas como los futuros, las opciones y los valores derivados.

Los fondos de cobertura reciben su nombre del término "**hedging**" (cobertura), que hace referencia a las acciones emprendidas para proteger el valor de una cartera de inversiones de los cambios del mercado, con frecuencia compensando la exposición al riesgo mediante la entrada en una posición de compensación que tiene el patrón de pago exactamente opuesto.

Los gestores de fondos de cobertura utilizan numerosas y complejas estrategias para reducir el riesgo y especular agresivamente en un mercado. Si quieres saber más sobre el mundo de Wall Street y, en concreto, sobre los fondos de cobertura, mira la serie ***Billions*** en Amazon Prime Video.

<u>Instrucciones:</u> Obtengamos algo de información sobre ti y sobre los **FONDOS DE COBERTURA**. ¿Cuál es tu nivel de experiencia? ¿Tienes FONDOS DE COBERTURA en la actualidad? Si es así, ¿cuáles? ¿Qué **OPINAS** de los FONDOS DE COBERTURA como vehículo en tu **CAMINO A UN MILLÓN**?

CRIPTO

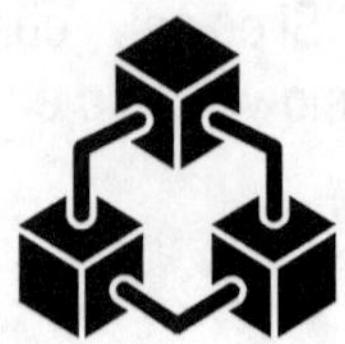

La criptomoneda, también conocida como criptodivisa o simplemente cripto, es un activo digital. El cripto está diseñado como una moneda digital que se puede utilizar para comprar y vender bienes y servicios utilizando la criptografía para asegurar las transacciones en línea. La criptografía hace casi imposible la falsificación o el doble gasto. Muchas criptos son monedas virtuales que utilizan la tecnología blockchain, una red descentralizada de ordenadores.

Bitcoin es la criptodivisa más reconocida, pero otras incluyen **Dogecoin** y **Coinbase** que he explicado en mis clases de Zoom. **BTFD** (Compra el puto mínimo).

Allison Morrow publicó ***A beginner's guide to crypto lingo*** en ***CNN Business*** (26 de abril de 2021). Aquí está la URL: https://www.cnn.com/2021/04/26/investing/crypto-definitions/index.html

<u>Instrucciones:</u> Obtengamos algo de información sobre ti y sobre los **CRIPTOS**. ¿Cuál es tu nivel de experiencia? ¿Tienes CRIPTOS en la actualidad? Si es así, ¿cuáles? ¿Qué **OPINAS** de los CRIPTOS como vehículo en tu **CAMINO A UN MILLÓN**?

COMMODITIES

La mejor explicación de los **commodities** proviene de Trading Places (1983):
¿Qué son los productos básicos? Los commodities son productos agrícolas... como el café que desayunas... el trigo, que se utiliza para hacer pan... la panza de cerdo, que se utiliza para hacer tocino, que puedes encontrar en un sándwich de tocino, lechuga y tomate. Y hay otros productos básicos, como el zumo de naranja congelado... y el ORO. Aunque, por supuesto, el oro no crece en los árboles como las naranjas... Ahora algunos de nuestros clientes están especulando que el precio del oro subirá en el futuro. Y tenemos clientes que especulan con que el precio del oro bajará.

A los commodities se los agrupa en tres categorías: **Agricultura, Energía** y **Metales**, y se negocian en todo el mundo como activos tangibles que cotizan en bolsa. Los inversores pueden poseer materias primas directamente o comprar opciones sobre contratos de futuros de materias primas. Existen también acciones y fondos relacionados con los commodities.

Instrucciones: Obtengamos algo de información sobre ti y sobre los **COMMODITIES**. ¿Cuál es tu nivel de experiencia? ¿Tienes COMMODITIES en la actualidad? Si es así, ¿cuáles? ¿Qué **OPINAS** de los COMMODITIES como vehículo en tu **CAMINO A UN MILLÓN**?

ANUALIDADES

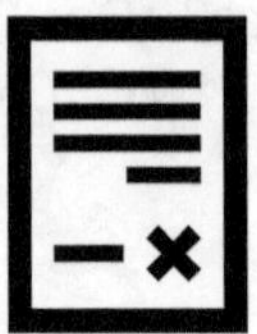

L**as anualidades** son como los pagarés. Son contratos diseñados para proporcionar pagos regulares a los asegurados a cambio de una inversión inicial a tanto alzado. Las anualidades pueden tener un periodo garantizado y/o tener pagos de por vida. Los pagos pueden ser de una cantidad fija o variable. Las rentas vitalicias se utilizan ampliamente como medio para generar un flujo de efectivo garantizado durante los años de jubilación

Existen **anualidades fijas** que están garantizadas por sus emisores y son como un certificado de depósito pero con impuestos diferidos hasta que comienzan los pagos. **Las anualidades indexadas** a la renta variable son un tipo de anualidad con impuestos diferidos cuyo interés acreditado está vinculado a un índice como el S&P 500. **Las anualidades indexadas** a la renta variable son un híbrido de anualidades fijas y variables. **Las anualidades variables** tienen impuestos diferidos y te permiten seleccionar entre varias inversiones; los pagos de las anualidades dependen del rendimiento de la cartera.

ANUALIDADES

Instrucciones: Obtengamos algo de información sobre ti y sobre los **ANUALIDADES**. ¿Cuál es tu nivel de experiencia? ¿Tienes ANUALIDADES en la actualidad? Si es así, ¿cuáles? ¿Qué **OPINAS** de los ANUALIDADES como vehículo en tu **CAMINO A UN MILÓN**?

COLECCIONABLES

Los coleccionables son artículos que actualmente valen (o se percibe que valen) más de lo que costaron originalmente debido a su rareza o popularidad. ¿Recuerda la moda de las muñecas repollo? Los coleccionables incluyen **antigüedades, juguetes, monedas, cómics, tarjetas de béisbol, sellos** y **vino.** Incluso voy a incluir las **Bellas Artes** (a riesgo de que alguien se haya especializado en Bellas Artes en la UCI, ya sabe quién es).

Invertir en objetos de colección puede conllevar riesgos, costes y comisiones considerables. Asimismo, existe la posibilidad de que se produzcan falsificaciones y de que se destruyan o dañen los bienes. No hay ingresos de la inversión, ni dividendos, ni realización de ganancias de capital hasta que se venden los activos.

Las ventajas son la diversificación y la revalorización a largo plazo. La liquidez puede ser un problema.

Instrucciones: Obtengamos algo de información sobre ti y sobre los **COLECCIONABLES**. ¿Cuál es tu nivel de experiencia? ¿Tienes COLECCIONABLES en la actualidad? Si es así, ¿cuáles? ¿Qué **OPINAS** de los COLECCIONABLES como vehículo en tu **CAMINO A UN MILLÓN**?

METALES PRECIOSOS

Los metales preciosos son metales raros que tienen un alto valor monetario, como el **oro, la plata, el platino, el paladio** y el **cobre**. La inversión en metales preciosos puede ser una excelente manera de diversificar y protegerse contra la inflación.

Aparte de los activos físicos -como los lingotes de oro- hay muchas formas de invertir en metales preciosos (lingotes y monedas). Existen certificados para aquellos que no quieren recibir la entrega física de los metales preciosos.

Se puede invertir en acciones, fondos de inversión y fondos cotizados. Los futuros y las opciones ofrecen un apalancamiento para aquellos que pueden soportar un mayor riesgo en busca de mayores beneficios.

Además, puedes invertir en una mina de oro, plata o cobre a partir de uno de los correos electrónicos que recibes junto con los del Ministro de Finanzas de Nigeria. Lee el boletín de Harry Dent.

METALES PRECIOSOS

Instrucciones: Obtengamos algo de información sobre ti y sobre los **METALES PRECIOSOS**. ¿Cuál es tu nivel de experiencia? ¿Tienes METALES PRECIOSOS en la actualidad? Si es así, ¿cuáles? ¿Qué **OPINAS** de los METALES PRECIOSOS como vehículo en tu **CAMINO A UN MILLÓN**?

BIENES INMUEBLES

Los bienes inmuebles incluyen la propiedad en terrenos, edificios o viviendas, a diferencia de los bienes personales (propiedad física). Los tipos de bienes inmuebles incluyen los **residenciales, comerciales, de inversión, de lujo** y **globales.**

La inversión en bienes inmuebles implica la compra, la propiedad, la gestión, el alquiler y/o la venta de bienes inmuebles para obtener beneficios o ingresos. La promoción residencial y comercial es una subespecialidad de la inversión inmobiliaria, junto con las propiedades en dificultades, las operaciones de cambio de titularidad y las ejecuciones hipotecarias, entre otras.

Estamos en una época de auge de la inversión inmobiliaria en el ámbito **comercial** y **mundial**. La pandemia ha creado -y seguirá creando- enormes oportunidades para los inversores inmobiliarios experimentados y con talento. Si eres un novato, caveat emptor, no es tan fácil como los informativos quieren que creas.

BIENES INMUEBLES

Instrucciones: Obtengamos algo de información sobre ti y sobre los **BIENES INMUEBLES**. ¿Cuál es tu nivel de experiencia? ¿Tienes BIENES INMUEBLES en la actualidad? Si es así, ¿cuáles? ¿Qué OPINAS de los BIENES INMUEBLES como vehículo en tu **CAMINO A UN MILLÓN**?

PROPIEDAD DE NEGOCIOS

La propiedad de un negocio, para algunos, forma parte del sueño americano tanto como el McDonald's, la tarta de manzana y la posesión de una casa.

La gente crea o compra negocios por diversas razones, y no todos se hacen ricos. En realidad, hacer que un negocio sea rentable es algo que hace muy poca gente.

Un negocio puede proporcionarle ingresos -con suerte, los suficientes-, pero piense bien si el negocio puede crear riqueza.

Persigue tu pasión, pero piensa en el mejor lugar donde puedes aprovechar tu tiempo y tu dinero. Si compras un negocio infravalorado o de bajo rendimiento, le das la vuelta y lo vendes, puede que ganes algo de dinero. Si te gusta la repostería, haz galletas, pero no cuentes con convertirte en otro (Wally) Famous Amos.

PROPIEDAD DE NEGOCIOS

<u>Instrucciones:</u> Obtengamos algo de información sobre ti y sobre la **PROPIEDAD DE NEGOCIOS**. ¿Cuál es tu nivel de experiencia? ¿Tienes UN NEGOCIO en la actualidad? Si es así, ¿cuáles? ¿Qué OPINAS de la PROPIEDAD DE NEGOCIOS como vehículo en tu **CAMINO A UN MILLÓN**?

INVERSIONES ALTERNATIVAS

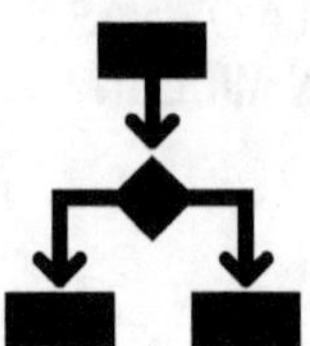

Las **inversiones alternativas** incluyen aquellas que no pueden describirse como vainilla, como las acciones y los bonos. Ya hemos hablado de las materias primas, los objetos de colección y los fondos de cobertura, pero a continuación presentamos otras inversiones alternativas.

Existen valores en dificultades, fondos de intercambio, créditos de carbono, piedras preciosas e inversiones en minería, silvicultura y producción cinematográfica, entre otras inversiones alternativas.

El acceso a las inversiones alternativas se produce a través de los fondos de cobertura de acciones, el crowdfunding, el capital privado y el capital riesgo.

Las inversiones alternativas suelen incorporarse a las carteras de inversión para diversificar y buscar una mayor rentabilidad. Hay que tener en cuenta que suelen implicar un mayor riesgo.

INVERSIONES ALTERNATIVAS

Instrucciones: Obtengamos algo de información sobre ti y sobre las **INVERSIONES ALTERNATIVAS**. ¿Cuál es tu nivel de experiencia? ¿Haces INVERSIONES ALTERNATIVAS en la actualidad? Si es así, ¿cuáles? ¿Qué OPINAS de las INVERSIONES ALTERNATIVAS como vehículo en tu **CAMINO A UN MILLÓN**?

FOREX

El **intercambio de divisas** también se conoce como **forex**. Al operar en el mercado de divisas, inviertes en moneda extranjera de la misma manera que inviertes en acciones, bonos o fondos de inversión. La diferencia es que, en lugar de esperar obtener un beneficio a través de un aumento del precio del valor de tu inversión, esperas que tu posición suba -o baje- frente al valor del dólar estadounidense. Si aciertas, ganas dinero. Si te equivocas, pierdes dinero. Cuando tu moneda extranjera se mueve en la dirección que esperabas, entonces la conviertes en dólares estadounidenses y obtienes tu beneficio.

Crea una **estrategia de divisas**, elige tus pares (moneda extranjera + dólar estadounidense) y selecciona tu clase de activos: opciones o futuros.

Debes estar al tanto de tus posiciones en forex porque las divisas se mueven mucho más rápido que la mayoría de las acciones.

Instrucciones: Obtengamos algo de información sobre ti y sobre el **INTERCAMBIO DE DIVISAS**. ¿Cuál es tu nivel de experiencia? ¿Haces INTERCAMBIO DE DIVISAS en la actualidad? Si es así, ¿cuáles? ¿Qué OPINAS del INTERCAMBIO DE DIVISAS como vehículo en tu **CAMINO A UN MILLÓN**?

OPCIONES

Las opciones son un derecho, pero no una obligación, de comprar o vender un valor específico a un precio acordado dentro de un período de tiempo acordado. En las opciones se habla de tiempo, y por eso se ve el icono de un despertador en la parte superior de esta página.

Las opciones de compra otorgan al comprador el derecho, pero no la obligación, de comprar un activo de inversión en una fecha acordada o antes (conocida como fecha de vencimiento de la opción). Esto es lo que ocurre con las opciones americanas. En Europa, las opciones solo pueden ejercerse en la fecha de vencimiento (no antes). **Las opciones de venta** dan al comprador, pero no la obligación, de vender un activo de inversión a un precio acordado o en una fecha acordada (Europa) o antes de una fecha acordada (América).

Las opciones ofrecen muchas alternativas estratégicas y tienen el potencial de ofrecer mayores rendimientos que la inversión en las acciones subyacentes.

OPCIONES

Instrucciones: Obtengamos algo de información sobre ti y sobre las **OPCIONES**. ¿Cuál es tu nivel de experiencia? ¿Tienes OPCIONES en la actualidad? Si es así, ¿cuáles? ¿Qué OPINAS de las OPCIONES como vehículo en tu **CAMINO A UN MILLÓN**?

COSAS RARAS

Las **cosas raras** pueden incluir **carne magra, vinos de época, coches clásicos** y **arte contemporáneo.** El puesto de limonada de tu hijo no entra en esta categoría, ni tampoco la venta de éxtasis en las fiestas o de un porro suelto en un concierto.

Invertir en la franquicia “Sushi Wow” de tu cuñado probablemente entre en la categoría de “cosas raras”, no porque sea sushi sino porque es tu cuñado. Más vale que le des el dinero porque probablemente no lo volverás a ver.

A fin de cuentas, puedes invertir en esperma de toro, en un restaurante mexicano, en 18 multipropiedades o en lo que te haga feliz. Hay diferentes razones para hacer inversiones, y siempre se trata del mayor rendimiento de la inversión o del menor riesgo. Haz una inversión inteligente, pero diviértete haciéndola porque, al fin y al cabo, es tu dinero. Invertir en **cosas raras** puede ser muy divertido.

Instrucciones: Consigamos algo de información sobre ti y las **COSAS RARAS**. ¿Cuál es la inversión más extraña que has hecho o que te han presentado?

Para ser un empresario e inversor de éxito, hay que ser emocionalmente neutral ante las victorias y las derrotas. Ganar y perder forman parte del juego.

— Robert Kiyosaki

SEIS

Si no sabes a dónde vas, cualquier camino te llevará allí.

— Lewis Carroll

SEIS
OPCIONES DE VIAJE

Viajar no siempre es bonito. No siempre es cómodo. Hay veces que duele, que incluso te rompe el corazón. Pero eso está bien. El viaje te cambia; debería cambiarte. Deja marcas en tu memoria, en tu conciencia, en tu corazón y en tu cuerpo. Puedes llevarte algo contigo. Con suerte, dejarás algo bueno detrás.

— Anthony Bourdain

Seis meses antes de morir, Anthony Bourdain salió en un artículo de The New Yorker titulado "El festín móvil de Anthony Bourdain: Guiado por un apetito lujurioso por la cultura y la cocina autóctonas, el chef presuntuoso se ha convertido en un estadista viajero." (por Patrick Radden Keefe - 5 de febrero de 2017). En el artículo se cita a Bourdain diciendo: **"Viajo por todo el mundo, como un montón de mierda, y básicamente hago lo que me da la gana".**

El camino de Anthony Bourdain **hacia los millones** fue un camino rocoso que finalmente le llevó a la muerte por sobredosis de drogas a los 61 años. Un final prematuro para un hombre que vivió una vida asombrosa que fue, de hecho, un "festín movible". Una tarea para ti: busca en Google "Anthony Bourdain" y lee sobre su vida, sus libros, sus aventuras, sus negocios y, sobre todo, sus inversiones y sus finanzas personales. Quizás te sorprenda, pero también puede que no. Entonces, ¿por qué lo he compartido? Por favor, lee (o relee la cita de la página anterior y luego piensa en el resumen de la vida de Bourdain: **"Viajo por todo el mundo, como un montón de mierda y básicamente hago lo que me da la gana".**

Olvídate del **Camino a un Millón** de Bourdain y piensa en el tuyo, y solo en el tuyo.

Al principio de este libro, te pregunté: "¿Qué es lo más importante en tu vida?" Para elegir las opciones de viaje adecuadas para tu **Camino a un Millón** DEBES responder honestamente a esa pregunta.

Está a punto de conocer cuatro opciones de viaje: **DIY, Transporte Público, Chárter** y el **Party Bus** de Henry Park.

Ojalá, después de sopesar todas las opciones, te subas a mi party bus para que podamos **viajar alrededor del mundo, comer un montón de mierda, y hacer lo que nos dé la gana mientras nos hacemos ricos al mismo tiempo.**

¿Recuerdas La vuelta al mundo en ochenta días de Julio Verne? Phileas Fogg aprovechó todas las clases de **vehículos de inversión** y todas las **opciones de viaje. DIY** es Drive It Yourself (Hazlo tú mismo), que puede ser un camino difícil con muchos baches, peligros en la carretera y bloqueos. El **transporte de masas** incluye todos los tipos de fondos gestionados profesionalmente con dinero mancomunado. El **Chárter** se refiere a los fondos de gestión privada. Y aprenderás sobre mi party bus cuando te subas.

DIY

Si todo parece estar bajo control, es que no vas lo suficientemente rápido.

— Mario Andretti

Cuando las empresas dot com estaban explotando el NASDAQ en su día parecía que todo el mundo se convertía en un autoproclamado **Day Trader**. Y lo que pasó con todos esos comerciantes de día cuando volaron a través de sus ahorros y la jubilación.

Ve directamente al Party Bus de Henry Park, no pases del GO, pero puedes cobrar 2.000.000 de dólares.

TRANSPORTE DE MASAS

El sector de los fondos de inversión se ha construido, en cierto modo, sobre la brujería.

— John C. Bogle
Fundador del Grupo Vanguard

E**l transporte de masas** incluye fondos en los que tu dinero se agrupa con el de otras personas y es gestionado por una empresa de inversión: incluye fondos de inversión, fondos de cobertura y cuentas de jubilación gestionadas (401k).

Recuerda que puede ser difícil superar a la mayoría de los gestores de dinero profesionales, pero se puede hacer.

CHÁRTER

El inversor "que no sabe nada" debe practicar la diversificación, pero es una locura si es un experto.

— Charlie Munger

El chárter es como viajar en un jet privado con tu propio piloto personal. Muchos jugadores que no tienen tiempo o ganas de gestionar sus propias inversiones tienen su propio asesor de inversiones.

Los asesores de inversión que gestionan dinero privado deben estar registrados en sus respectivos estados y/o en la SEC.

EL BUS DE LA FELICIDAD
HENRY PARK

¿Se van tan pronto? No me gustaría oírlo. Porque mi pequeña fiesta acaba de empezar.

— La malvada bruja del oeste
Wizard of Oz (1939)

Mi **Party Bus** será tu mejor opción de viaje porque podrás hacer lo que quieras. Aprenderás a ser tu **propio gestor de cartera.**

Elegir las acciones y los bonos es la parte fácil; saber cuándo comprarlos y cuándo venderlos es la magia.

El capitalismo trata de lograr un delicado equilibrio: intenta que todo el mundo reciba lo suficiente para que no se ponga violento e intente quedarse con las cosas de los demás.

— George Carlin

SIETE

HENRY PARK

X

LATINOS WORLD

SIETE
TU CAMINO A UN MILLÓN

El dinero es mejor que la pobreza, aunque solo sea por razones económicas.

— Woody Allen

Este capítulo es todo sobre ti - yo puedo llevar a un cerdo capitalista al agua, pero no puedo hacer que beba. Ahora mismo, toma algunas notas iniciales sobre Tu Camino a los Millones y vuelve a visitarlo hasta que hayas creado un plan sólido para tu viaje.

WTF? Este libro es un ejemplo de cómo se puede escribir el Camino a los Millones, pero sería como si yo tuviera un escritor fantasma que escribiera el **Camino a un Millón de Henry Park.** Yo podría escribir Tu Camino a los Millones, pero sería como si yo tuviera un escritor fantasma que escribiera El **Camino a un Milllón de Henry Park.**

Aquí hay 11 páginas para que puedas crear tu propia estrategia para pasar de 1.000 a un millón de dólares (o más). Si tienes 1.000.000 de dólares para empezar, ¡puedes aspirar a un billón de dólares!

En este libro te he dado todas las herramientas que necesitas. Todo lo que tienes que hacer para mantenerte al tanto del mercado y de las oportunidades de inversión es unirte a mi grupo de Facebook — ***Henry Park's Road to a Million*** — y **participar** (la palabra clave) en mis clases semanales de Zoom todos los viernes a las 4:00 PM (Hora del Pacífico).

El término clave para este libro, mi grupo de Facebook, mis clases de **Zoom** y tu **Camino a un Millón** es ***participar***. No te conformes con hojear mi libro a medias, ni con merodear por mi grupo de Facebook, ni con entrar en mis clases de Zoom y esconderte con el video apagado: **¡participa!**

Instrucciones: Este es **TU CAMINO A UN MILLÓN**. Las siguientes 11 páginas están en BLANCO - las he dejado a propósito en blanco porque quiero que planifiques tu propio viaje por carretera basado en la información que he compartido contigo hasta ahora en este libro. Recuerda que es un “trabajo en progreso” porque necesitas ponerte en camino - estamos quemando la luz del día. Así que, haz las maletas, llena el tanque (o recárgalo si conduces un Tesla), toma algunos bocadillos y bebidas de alta energía, pon tu navegación en el destino **$1,000,000** y sal a la carretera Jack (o Jill). Este capítulo se centra en **TI**.

El capitalismo es un sistema organizado para garantizar que la codicia se convierta en la fuerza principal de nuestro sistema económico y permita que unos pocos en la cima se vuelvan muy ricos y nos haga pensar al resto de nosotros que también podemos llegar a serlo: si trabajamos lo suficientemente duro y vendemos suficientes productos de Tupperware y Amway, podremos conseguir un Cadillac rosa.

— Michael Moore

OCHO

La cola de dos cerditos

¿Qué ves de diferente en
los dos cerditos de arriba?

En la antigua **Corea** se asociaba a los cerdos con la riqueza. En muchos países y culturas a lo largo de la historia se considera a los cerdos como animales sucios y, sobre todo, se les asocia con la codicia. En Corea, los cerdos representan la fertilidad y la riqueza. Son muchos los coreanos que creen que soñar con cerdos es una señal de que pronto les llegarán grandes riquezas. Por lo tanto, espero que todos los que lean este libro empiecen a soñar con cerdos esta noche: **cerdos capitalistas gordos.**

La página anterior tiene dos cerdos en mi logotipo. ¿Qué tienen de diferente los cerdos? El cerdo de la izquierda tiene la cola hacia abajo. ¿Qué significa eso? Significa que es un maldito perdedor y que con esa actitud no tiene ninguna posibilidad de hacerse millonario. En realidad, si sigue con la cola hacia abajo, algún cerdo grande se la va a morder y se quedará sin cola.

El cerdo de la derecha es un puto pelotazo. No solo tiene la cola apuntando hacia arriba, sino que está enroscada. Eso significa que está confiado y no tiene miedo. Los cerdos mexicanos están pensando para sí mismos: “No tengo miedo pendejos”.

Analicemos más de cerca la ciencia del lenguaje corporal de los cerdos y, específicamente, lo que dice **la cola de los cerdos.**

- Cola abajo y entre las patas = miedo a que le muerdan la cola.
- En el aire y agitando = alerta.
- Cola enroscada = feliz y positivo.
- Abajo e inmóvil = deprimido.

- Cola enroscada = feliz y positivo.
- Abajo e inmóvil = deprimido.
- Meneo suelto = patada hacia atrás (*sus california*).

Si quieres más información sobre el lenguaje corporal porcino y los relatos, puedes leer un artículo de 37 páginas de Jordy Groffen titulado *“Tail posture and motion as a possible indicator of emotional state in pigs”. (2102).*

Los cerdos representan en la **cultura china** la suerte, la riqueza y la prosperidad. En China los cerdos gozan de un estatus histórico de celebridad porque -además de la suerte, la riqueza y la prosperidad- los cerdos representan el crecimiento y el desarrollo.

Así que, ¿qué acabas de aprender? Que tienes que mantener la cola levantada y enroscada para ser un **cerdo capitalista badass.**

Quizás ahora entiendas por qué elegí un animal asqueroso para mi logo de **Camino a un Millón.**

OCHO
CAMINOS NO TOMADOS

Contaré esto con un suspiro
en algún lugar dentro de siglos y siglos:
Dos caminos se separaron en un bosque, y yo...
Tomé el menos transitado,
Y eso ha hecho toda la diferencia.

— Robert Frost
The Road Not Taken (1915)

La vida -y la inversión- es una cuestión de elección. Llegas a una bifurcación del camino y giras a la izquierda o a la derecha. Y la vida a veces tiene que ver más con los caminos que no se toman que con los que se eligen.

Hace un tiempo, no muy lejano ni muy antiguo, vivían dos hermanos que resultaban ser cerdos (literalmente).

Louie y Lucky eran gemelos idénticos (sí, los cerdos pueden ser gemelos idénticos), pero el ADN era lo único que tenían en común además de ser cerdos. Quizás no sea lo único. Ninguno de los dos era soñador y quería salir de la mierda de cerdo lo antes posible. Y ninguno de los dos quería acabar como tocino canadiense ahumado con madera de manzana orgánica en Whole Foods o como jamón cortado en espiral en HoneyBaked.

Así pues, una noche “volaron del gallinero” o lo que sea que hagan los cerdos: ¿escapar del corral? Los años pasaron y los lechones se convirtieron en cerdos. Louie creía que el **Camino a un Millón** era el trabajo duro, mientras que Lucky creía en el trabajo inteligente. Sus creencias sobre cómo alcanzar el sueño americano eran muy diferentes, pero asistieron juntos a la universidad y se especializaron en Administración de Empresas. Los años pasaron y los cumpleaños se sucedieron, y cada vez estaban más gordos. Esta es su historia -*Cuento de dos cerditos*- según mi mejor recuerdo cuando la escuché por primera vez siendo un joven que trabajaba en Wall Street.

Al graduarse, Louie aceptó un trabajo en la América corporativa como “aprendiz de gestión” en una empresa de la lista Fortune 500 con (lo que él creía que era) un salario gordo, un 401k, opciones de compra de acciones, y dos semanas de vacaciones pagadas y otra semana de vacaciones pagadas con cada 10 años más de “servicio”. Al cabo de 3 años, podría convertirse en “gerente

principal" y entonces obtendría un subsidio para el coche y una cuenta de gastos. Louie no podía
no podía creer la "suerte" que tenía. Creyó que había muerto y que ya estaba en el "cielo de los cerdos". Si jugaba bien sus cartas, podría jubilarse a los 65 años con una "buena" pensión además de sus prestaciones de la Seguridad Social porcina.

Louie se enamoró y se casó con una patinadora artística y tuvo tres cerditos. Se mudó a los suburbios y compró una casa. Con el paso de los años, Louie contribuyó a su 401k, pero nunca hizo mucho más en cuanto a ahorros o inversiones. Al fin y al cabo, con la hipoteca, los pagos del coche y la multipropiedad siempre parecía estar viviendo de cheque en cheque.

Finalmente, la patinadora artística engordó, mucho más que Louie, y él la cambió por una modelo más joven y elegante (sí, realmente era una modelo de algún tipo). Fue un desagradable divorcio que supuso un desastre financiero para la familia. Por alguna razón, Louie perdió su trabajo, los cerditos tuvieron que dejar la universidad y la "modelo" tuvo que conseguir un trabajo de ventas en Kohl's, y pusieron la casa familiar en el mercado. Pasado un tiempo en el paro, una pandemia golpeó y las esperanzas de Louie de encontrar un nuevo trabajo se esfumaron.

Sin su trabajo en Fortune 500, Louie estaba perdido. Se sintió traicionado. Había creído en el sueño americano, se lo había creído al 100%. #1 — ir a la universidad. #2 – conseguir un "buen" trabajo. #3 – trabajar duro. #4 — jubilarse a los 65 años. #5 –vivir la vida. Pero el sueño americano nunca llegó.

En su casa, sentado a la espera de su cheque de desempleo y preocupado por la ejecución hipotecaria, Louie se deprimió mucho. Los cerditos nunca vinieron a visitarle - pero, ¿por qué iban a hacerlo? Louie siempre había trabajado "demasiado" para pasar tiempo con ellos. La modelo (dependienta de Kohl's) le dejó, y se quedó solo en casa bebiendo la mayoría de las noches con todas las luces de la casa encendidas.

Después de la graduación, Lucky se marchó a Europa durante "unos meses", pero no volvió a casa hasta pasado un año. Luego de esos "pocos meses" en Europa, viajó por toda Sudamérica en motocicleta. En fin, le entró un poco de nostalgia y regresó para encontrar rápidamente un trabajo en "ventas". Verdaderamente no importaba lo que vendiera porque Lucky tenía un "talento natural": era un mago de las ventas. Durante el año que estuvo viajando, Lucky aprendió mucho sobre las personas. Aprendió lo que hace feliz a la gente y lo que la hace infeliz. Y aprendió a ganar dinero, mucho dinero, haciendo feliz a la gente infeliz.

Lucky no se llamaba "Lucky" por nada. Al principio se pensó que había nacido muerto, pero fue reanimado. Tenía anemia, pero se recuperó. Y sobrevivió al ataque de un grupo de cerdos. Lo que hacía a Lucky "afortunado" era su actitud *alegre* ante la vida. Lucky no creía en el trabajo "duro" - creía en el trabajo "inteligente".

Lucky no quería un trabajo corporativo como el de su hermano Louie. Cuando Lucky volvió de Europa y Sudamérica, comprobó lo infeliz que se había vuelto Louie en su trabajo. Lo único de lo que hablaba Louie era de su trabajo y de que trabajaba sesenta horas a la semana, de su 401k y de cómo iba a retirarse a Florida *algún día*. Jamás mencionó que ese “algún día” estaba por lo menos a cuarenta años de distancia. Y no quiso admitir, ni ante sí mismo ni ante nadie, que su sueño podría no hacerse nunca realidad.

Lucky consiguió un trabajo vendiendo seguros de vida y se convirtió en corredor de bolsa y finalmente en asesor financiero. Todos sus ingresos eran comisiones obtenidas por su propio éxito. Durante su carrera, cambió continuamente y se reinventó a sí mismo. Se enamoró, se casó y tuvo dos cerditos. Y como creía en el trabajo inteligente en lugar del duro, pasó mucho tiempo con esos cerditos. En efecto, el mantra de Lucky era construir y proteger toda la riqueza personal que pudiera trabajando lo menos posible. El éxito de Lucky fue mucho más que suerte. Principalmente fue su actitud, su pasión por la vida y su compromiso de ser un “embajador del estilo de vida”, ese era su “por qué”.

No hay dos cerdos iguales, ni siquiera los cerdos capitalistas de la misma camada. Sin embargo, ¿por qué Louie y Lucky tomaron dos caminos diferentes en sus vidas? Todo se reduce a la perspectiva y la actitud. Louie creía en trabajar “duro”.

Lucky creía en trabajar “inteligentemente”. Louie trabajaba para vivir, y Lucky vivía para trabajar (lo menos posible y ganar lo más posible.

Louie y Lucky nacieron en una granja industrial de cerdos donde la tasa de supervivencia es baja debido a las condiciones de sedentarismo y hacinamiento. De no haber escapado, no estaría compartiendo su historia.

Podrían haberse convertido en vientres de cerdo como los que se comercializan en la película de Eddie Murphy de 1983 *Trading Places*.

Cuando la pandemia llegó, Louie se congeló como un cerdo en los faros y se convirtió en un animal atropellado: el sueño americano se convirtió en la pesadilla americana. Pasó del cielo de los cerdos al infierno de los cerdos.

En cambio, la perspectiva de Lucky era de más oportunidades y siguió viviendo la vida al máximo, disfrutando de su familia. Sus ingresos y su riqueza siguieron creciendo astronómicamente porque invirtió en el Fondo **Camino a un Millón**.

Hay una lección -o muchas lecciones- en alguna parte de la historia de ***La cola de dos cerditos***. Quien sea lo suficientemente inteligente, pensará en por qué he dedicado las últimas diez páginas de este libro a hablar de los malditos cerdos. Puede que sea porque nuestras actitudes y perspectivas determinan qué camino(s) elegimos tomar - o no tomar - en nuestras vidas. Y, en consecuencia, - dónde acabamos finalmente (con o sin rabo intacto).

¿Qué caminos NO has tomado?

Los bosques son encantadores, oscuros,
y profundos.
Pero tengo promesas que cumplir,
Y millas que recorrer antes de dormir,
Y millas que recorrer antes de dormir.

— Robert Frost
Stopping By Woods on a Snowy Evening (1923)

NUEVE

Llevo años comerciando y sigo en pie. Conocí a muchos operadores que iban y venían. Tienen un sistema o un programa que funciona en algunos entornos específicos y falla en otros. En cambio, mi estrategia es dinámica y está en constante evolución. Aprendo y cambio constantemente.

— Thomas Busby

NUEVE
REGISTROS DE SERVICIO

El trading es algo serio, o al menos debería serlo. Llevo décadas haciendo trading y decidí compartir *algunas* de mis operaciones con mi **grupo de Facebook** hace aproximadamente un año. Ten en cuenta que tengo un trabajo de día que implica el comercio de bonos -y la gestión de un montón de empresas ® y que el comercio de manera significativa en casi todos los mercados y con casi todos los vehículos de inversión.

Este capítulo trata de las operaciones que compartí en el **Camino a un Millón de Henry Park** en Facebook que ha crecido a más de 1.200 miembros desde que empecé el 2 de mayo de 2020. Ten en cuenta que están operando con su propio dinero en sus propias cuentas de trading. Estoy sugiriendo operaciones, pero la mayoría de las personas que participan en el grupo reflejan mis operaciones.

TRADE #1 $250 BUY BTC
TRADE #2 $250 BUY BTC
TRADE #3 SOLD $500 BTC
FOR $590
TRADE #4 BUY $84 OF XLM
WITH PROFITS
(LESS COINBASE FEES)
BALANCE: $1,000
TRADE # 5 BUY $722 OF FNMA *
(PRICE OF $1.93)
TRADE #6 BUY $220 OF NRZ **
* $4 DOLLAR FOR TRANSACTION FE
* $4 DOLLAR TRANSACTION FEE
TRADE # 7 SELL $840 OF FNMA
(PRICE OF $2.10)

ACCOUNTING

RADE #8 BUY 10 SHARES OF DKNG
(PRICE OF $45.70)
RADE #9 BUY 180 SHARES OF FNMA
(PRICE OF $2.20)
RADE #10 SELL 33 SHARES OF NRZ
(PRICE OF $7.53)
RADE #11 BUY 7 SHARES OF LUV
(PRICE OF $34.59)
RADE # 12 SELL 180 SHARES OF FNMA
(PRICE OF $2.16)
RADE # 13 SELL 10 SHARES OF DKNG
(PRICE OF $39.50)

#14 BUY 32 SHARES OF AAL
(PRICE OF $12.05)
#15 BUY 10 SHARES OF UAL
(PRICE OF $38.43)
#16 SELL 7 SHARES OF LUV
(PRICE OF $38.41)
#17 SELL 10 SHARES OF UAL
(PRICE OF $45.05)
#18 SELL 32 SHARES OF AAL
(PRICE OF $18.28)
19 BUY 5 SHARES OF NKLA
(PRICE OF $82.74)

ACCOUNTING

TRADE #20 SELL 5 SHARES OF NKLA
(PRICE OF $69.74)
TRADE #21 BUY 20 SHARES OF JFIN
(PRICE OF $5.15)
TRADE #22 BUY 100 SHARES OF HTZ
(PRICE OF $2.19)
TRADE #23 SELL 20 SHARES OF JFIN
(PRICE OF $5.68)
TRADE #24 SELL 100 SHARES OF HTZ
(PRICE OF $2.12)

CURRENT CASH BALANCE: $ 1,412.59
EQUITY: $ 1,412.59

Here is the most updated mark to market report including today's trades. I am currently flat on all positions. Get ready. The market is starting to act volatile. Remember bears 🐻 make money 💵 bulls make money. Pigs 🐷 get slaughtered. I am still up over 40% on my money!! When did we start like a month and a 1/2 ago? 😂.....also keep in mind the percentage of gain. We have been trading very safe. Not "ALL IN" like some people. If you go "ALL IN" you can double up real fast and get wiped out a few trades later. Don't pay attention to people who do that. On a side note 📝 I'm up huge on my personal accounts. Same trades just larger amounts. Just an FYI. **See Less**

OPERACIONES 25 — 31

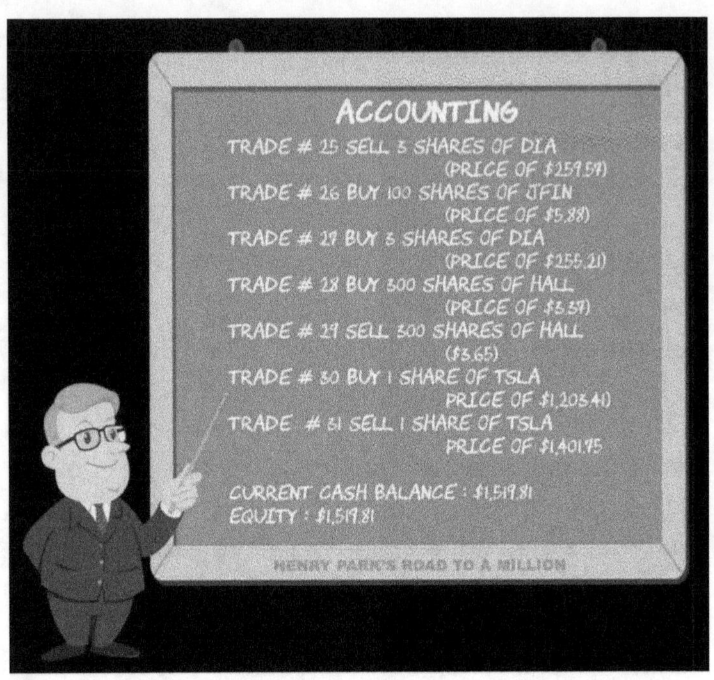

Hip hip hooray!!! After today's sale of Tesla stock we are at $1,519.81. This is also assuming JFIN stock (which I'm still holding. I am valuing the stock at $4.00 for mark to market purposes) This means if you started with me with $1,000 you would have made a 51.9% ROI (return on investment). Formula: $519.81 / $1,000 = 51.9%

51.9% return on investment is not bad considering we started 2 months ago. May 2nd to be exact. That's when I started this club.

Now things are going to go faster and faster from here. Get ready. We will start learning more complex trades and I need you to pay attention.

So what have you learned so far ? Are you a better trader ? Do you know more about the stock market than 2 months ago ? Comment down below. **See Less**

OPERACIONES 32 — 35

Henry Park
August 3, 2020 ·
Here's the latest trade blotter......

OPERACIONES 36 — 41

Here is my latest trade blotter. It took me forever to double the initial $1,000 we started with. It took 41 trades to get here. But if you have been following me as of today you should have DOUBLED your money. As of today I am at $2,299.41. Hopefully by now you have learned a few things. We learned a bunch of subject matter. We learned about Cryptocurrency. We learned about how to short. What makes stocks go up and what makes it go down. Now we are going to start learning stuff that is a little more complicated. But i will be there holding your hands every step of the way. **See Less**

ACCOUNTING
TRADE # 42 BUY 70 SHARES OF RKT
(PRICE OF $52.47)
TRADE # 43 SELL 20 SHARES OF AAPL
(PRICE OF $114.15)
TRADE # 44 SELL (SHORT) 10 SHARES OF DIA
(PRICE OF $278.85)
TRADE # 45 SELL 2 SHARES OF APPL
(PRICE OF $114.24)
TRADE # 46 BUY TO COVER 10 SHARES OF DIA
(PRICE OF $276.54)
TRADE # 47 SELL (SHORT) 10 SHARES OF QQQ
(PRICE OF $274.65)
TRADE # 48 SELL 55 SHARES OF RKT
(PRICE OF $23.50)
TRADE # 49 SELL 6 SHARES OF AAPL
(PRICE OF $115.85)
CURRENT CASH BALANCE : $1,815.49
EQUITY : $1,815.49
HENRY PARK'S ROAD TO A MILLION

With all the trades this morning here's the aftermath. 😆. It does seem like a lot but I had to make some major adjustments to protect the portfolio. We are in the midst of a market sell off in the Nasdaq. You don't want to be owning any Apple or Tesla right now. Stay away from tech stocks.

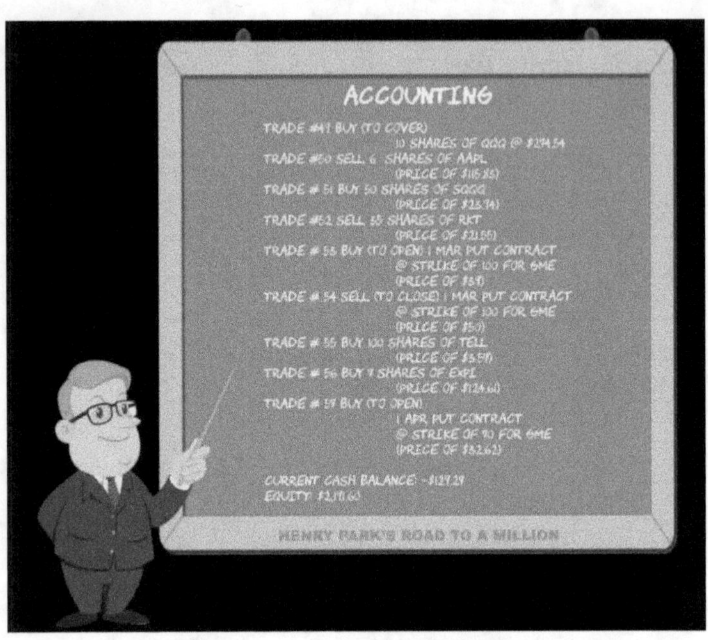
ACCOUNTING
TRADE #49 BUY (TO COVER)
10 SHARES OF QQQ @ $294.54
TRADE #50 SELL 6 SHARES OF AAPL
(PRICE OF $115.85)
TRADE # 51 BUY 50 SHARES OF SQQQ
(PRICE OF $23.74)
TRADE #52 SELL 55 SHARES OF RKT
(PRICE OF $21.55)
TRADE # 53 BUY (TO OPEN) 1 MAR PUT CONTRACT
@ STRIKE OF 100 FOR GME
TRADE # 54 SELL (TO CLOSE) 1 MAR PUT CONTRACT
@ STRIKE OF 100 FOR GME
TRADE # 55 BUY 100 SHARES OF TELL
(PRICE OF $3.59)
TRADE # 56 BUY 9 SHARES OF EXPI
(PRICE OF $124.60)
TRADE # 57 BUY (TO OPEN)
1 APR PUT CONTRACT
@ STRIKE OF 90 FOR GME
(PRICE OF $82.62)
CURRENT CASH BALANCE: -$129.29
HENRY PARK'S ROAD TO A MILLION

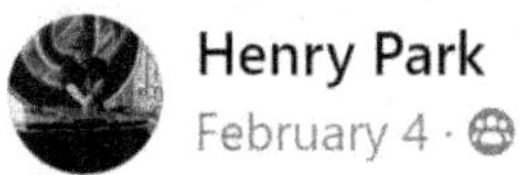

We started this group on May 2020. When i started i started with $1,000. Since then we've explored oil futures, cryptocurrency, how to trade options. We learned about charts and fundamental trading. We've made some good trades and some bad ones. But guess what?? We survived!! And if you traded right along side me you should have doubled your money by now. Especially with the last short on GameStop.

Not bad considering it hasn't even been a year yet. But one takeaway I want you to learn is this. Anything you want to be good at, you need to practice. Consistency is the key. Most people lose money because they either 1) Don't do their homework 2) Not being consistent 3) Gamble

What I am doing is not gambling. If it was, I would have lost a long time ago. You can't make almost 50 trades and only starting with $1,000 if it was and still live to tell the tale.

The capital markets is just that. It's a market to buy and sell. And if you are good at it you can make a fortune. **See Less**

ACCOUNTING
TRADE # 58 SELL 7 SHARES OF EXPI
(PRICE OF $140.70)
TRADE # 59 SELL 100 SHARES OF TELL
(PRICE OF $3.89)
TRADE # 60 BUY 20 SHARES OF BMBL
(PRICE OF $75.94)
TRADE #61 BUY 200 SHARES OF GTBP
(PRICE OF $5.68)
TRADE #62 SELL (TO CLOSE) 1 APR PUT CONTRACT
@ STRIKE OF 90 FOR GME
(PRICE OF $52.62)
TRADE #63 SELL 50 SHARES OF SQQQ
(PRICE OF $16.52)
TRADE #64 BUY 500 SHARES OF HTZGQ
(PRICE OF 0.74 CENTS)
TRADE #65 SELL 500 SHARES OF HTZGQ
(PRICE OF $1.96)
TRADE #66 SELL 200 SHARES OF GTBP
(PRICE OF $8.04)
CURRENT CASH BALANCE $4,106.80
EQUITY: $4,106.80
HENRY PARK'S ROAD TO A MILLION

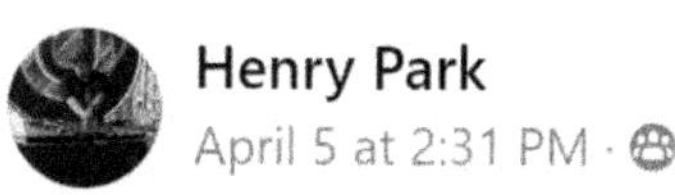

If your in the group you will be happy to know that I started at $1,000 and as of now 10 months later I'm up over $4,000. $4,106.80 to be exact. 😂 400% Return on investment (ROI) isn't bad considering most hedge funds only return 20% on average. We still have one trade left which is BMBL. Can't win them all. I'm still holding on that for now. So let's be patient. I'm going to go hunting for the next good trade. ✌️

OPERACIONES 67 — _____

OPERACIONES _____ — _____

OPERACIONES _____ — _____

OPERACIONES _____ — _____

APRENDER A INVERTIR ES MUY PARECIDO A APRENDER A MONTAR EN MONOPATÍN: TIENES QUE APRENDER A EQUILIBRARTE Y A CONTROLAR LA VELOCIDAD, Y ESPERAR QUE NO TE VAYAS DE ROSITAS

DIEZ

GBR
ITA
JAM
HENRY
PARK
LENTO Y CONSTANTE
NUNCA GANA LA
CARRERA.

DIEZ
CAJA DE HERRAMIENTAS

La mejor inversión es en las herramientas del propio oficio.

— Benjamin Franklin

Estás cordialmente invitado a asistir a mis clases semanales de Zoom sobre

INVERSIONES

Viernes — 5 PM (Hr. del Pacífico)
ID de la reunión — 589 380 4727
(No se necesita contraseña ni apretón de manos secreto).

Aquí están los resúmenes de dieciocho clases que he impartido desde que empecé mi ***Grupo de Facebook*** **y** ***Clases de Zoom*** **del Camino a un Millón de Henry Park.** Hay más por venir.

NYSE

NASDAQ

DOW JONES

STANDARD & POOR'S 500

DAX

¿COMPRAR O VENDER? BOLSA DE VALORES

OPCIONES DE COMPRA

ACCIONES PRE-OPA

GRÁFICOS

GRÁFICOS DE VELAS JAPONESAS

GRAN DEPRESIÓN

TIERRA

BILLETE DEL TESORO A 10 AÑOS

FANNIE MAE

ORO

FUTUROS DEL PETRÓLEO

BITCOIN

FOREX

DOGECOIN

NYSE — La Bolsa de Nueva York
es la mayor bolsa de valores del mundo. El objetivo de la NYSE es proporcionar un mercado central para que los inversores compren y vendan acciones. Permite a las empresas cotizar sus acciones y obtener capital de los inversores.

NASDAQ — fue creado por la National Association of Securities Dealers (NASD) con el fin de funcionar como un mercado electrónico mundial de compra y venta de valores. El NASDAQ permite a los inversores negociar valores en un sistema informatizado.

DJIA — El Dow Industrial Average se conoce como Dow Jones o simplemente como Dow. Es un índice que mide el rendimiento de 30 grandes empresas que cotizan en la Bolsa de Nueva York y el NASDAQ.

S&P 500 — El Standard & Poor's 500 (o **S&P**) es un índice que mide el rendimiento de **500** grandes empresas que cotizan en las bolsas de Estados Unidos.

DAX — El DAX Performance Index es un índice de primera categoría compuesto por **30** grandes empresas alemanas que cotizan en la Bolsa de Fráncfort.

MERCADO DE VALORES —aunque la mayoría de la gente piensa en Wall Street o en la Bolsa de Nueva York, hay **mercados de valores, mercados de acciones** o **mercados de renta variable** en todo el mundo que permiten a los inversores comprar y vender acciones que representan participaciones en empresas.

La negociación de opciones, como alternativa al instrumento subyacente, ofrece las siguientes ventajas:

- Pueden ser menos arriesgadas.
- Pueden ser más rentables.
- Pueden proporcionar una mayor rentabilidad.

Una opción es un contrato que permite (pero no obliga) a los inversores a comprar el valor, el ETF o el índice subyacente a un precio predeterminado durante un periodo de tiempo determinado. La **prima** es el precio de la opción. Las opciones no representan la propiedad de ninguna empresa.

PRE IPO — Acciones de **Pre-Oferta Pública Inicial**. A pesar de que la inversión previa a la salida a bolsa tiene mucho atractivo, no es tan sencilla ni infalible como podría parecer. Se trata de la venta de un gran bloque de acciones antes de que las acciones coticen en una bolsa de valores. Los compradores obtienen las acciones con un descuento respecto al precio de la OPV. **¿Ya he captado tu atención?**

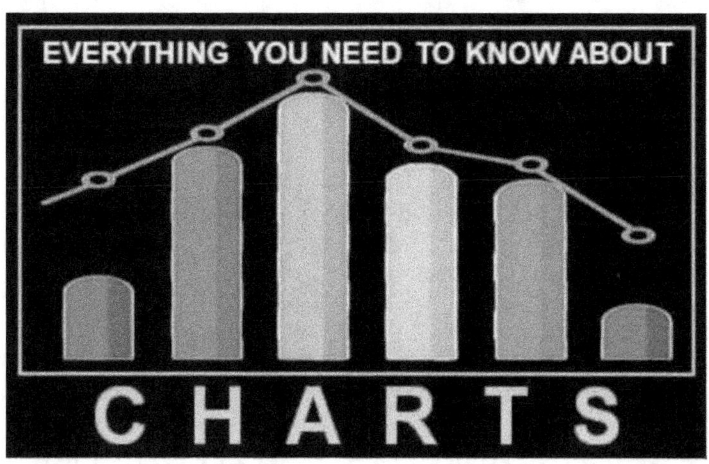

Los **GRÁFICOS** se utilizan para todos los tipos de inversiones para mostrar los precios trazados en un marco de tiempo e indican el símbolo del valor y la bolsa en la que se negocia, lo que se utiliza para el **análisis técnico**.

Los **GRÁFICOS DE VELAS JAPONESAS** fueron utilizadas por los comerciantes de arroz japoneses hace más de 100 años, incluso antes de que los comerciantes occidentales desarrollaran los gráficos de barras y los gráficos de puntos y cifras. En el año 1700, un comerciante de arroz japonés se dio cuenta de que el mercado del arroz estaba influenciado por las **emociones** de los comerciantes. Los gráficos de velas japonesas presentan visualmente las emociones a través de velas de diferentes colores para mostrar los distintos tamaños de los movimientos de los precios. Sirven para el **análisis técnico** y para predecir los movimientos de los precios a corto plazo.

LA GRAN DEPRESIÓN se inició con el crack bursátil de 1929 y duró hasta 1930. Tuvo un alcance mundial y fue una de las épocas más oscuras de Estados Unidos.

Las **INVERSIONES EN TERRENOS** pueden ser magníficas, o pueden ser una pérdida de tiempo y dinero si no sabes lo que estás haciendo - o no tienes un asesor que lo sepa. Evidentemente, uno quiere comprar un terreno barato y esperar que se revalorice con el tiempo.

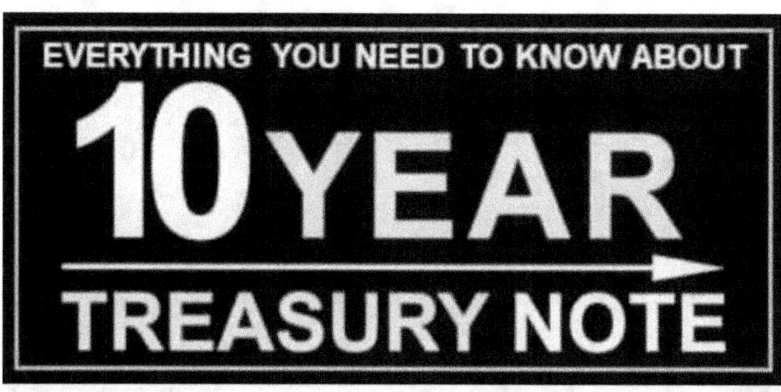

Los **BONOS DEL TESORO A 10 AÑOS** son instrumentos de deuda emitidos por el Gobierno de los Estados Unidos que generan intereses a un tipo fijo cada seis meses y pagan el valor nominal del billete al vencimiento (10 años). La rentabilidad del Tesoro siempre se mueve en dirección opuesta a los precios del Tesoro. El billete del Tesoro a 10 años es la referencia que guía otros tipos de interés — incluida la hipoteca a 30 años-, por lo que es importante vigilarlo.

FANNIE MAE — La Federal National Mortgage Association es una agencia patrocinada por el Gobierno de Estados Unidos que cotiza en bolsa con el símbolo **FNMA**. El objetivo de Fannie Mae es ampliar **el mercado secundario** y asegurar los préstamos hipotecarios empaquetándolos en valores respaldados por hipotecas (**MBS**).

¡ORO! Esas tres letras lo dicen todo. Una búsqueda en Google de esas tres letras arroja unos 25.270.000.000 resultados (1,14 segundos). Como inversión, el oro es el más popular de todos los metales preciosos y hay muchas formas de invertir en oro. Algunos inversores compran oro a través de contratos de futuros y opciones como forma de diversificar el riesgo. Pueden comprar lingotes de oro o invertir en joyas de oro, certificados, acciones, fondos de inversión o fondos cotizados (ETF), o pueden buscar su propia mina de oro o buscar oro en Knott's Berry Farm.

BASICS OF TRADING OIL FUTURES

Petróleo — también conocido como Oro Negro y Té de Texas. Los futuros del petróleo son contratos en los que compradores y vendedores de petróleo acuerdan entregar cantidades específicas de crudo (barriles) en una fecha determinada del futuro (por eso se llaman **futuros**). Las inversiones en futuros del petróleo permiten negociar la subida y la bajada de los precios del petróleo. Los dos tipos más populares son el crudo Brent y el West Texas Intermediate. Además, puedes invertir en **opciones** de petróleo que te dan el derecho (pero no la obligación) de comprar o vender una cantidad específica de petróleo a un precio determinado en una fecha futura.

BITCOIN. El fundador de Bitcoin, Satoshi Nakamoto, es citado diciendo (en los primeros días de Bitcoin): "Si no te lo crees o no lo entiendes, no tengo tiempo para intentar convencerte, lo siento". Y eso es *casi* todo lo que necesitas saber sobre el Bitcoin, excepto que es una **criptomoneda** muy volátil debido a su ciclo de compra-venta, y que es muy controvertida.

FOREX — El **mercado de divisas** es un mercado global extrabursátil (descentralizado) para el comercio de divisas. El **Forex** determina los precios de cada moneda - y abarca todos los aspectos del comercio de divisas: comprar, vender e intercambiar divisas a precios actuales o determinados. Operar con divisas - **FX**- implica un alto grado de riesgo, así que ***caveat emptor***. Puedes invertir en divisas de muchas maneras, entre ellas **Forex** (mercado al contado de 24 horas en el que las divisas se negocian por pares y los operadores apuestan a que una divisa subirá y la otra bajará); **Futuros de divisas; Opciones de divisas; Fondos negociados en bolsa** (ETF) y **Notas negociadas en bolsa** (ETN); **Fondos de divisas**; y, **Certificados de depósito en divisas** (FCCD).

DOGECOIN. Inspirado en el Shiba Inu que aparece en el meme “Doge” - Dogecoin es una criptodivisa basada en Lite-coin. Todavía es relativamente barata y puede tener el potencial de una gran apreciación como un Crypto Heavy Hitter. ¡Veamos!

TODO LO QUE NECESITAS SOBRE

INVERSIONES

- **¡Nunca sabrás todo lo que necesitas saber sobre la inversión!**
- **Comprar bajo y vender alto O**
- **Vender alto y comprar bajo.**
- **Los cerdos son sacrificados.**
- **No todos los que se mueven en Wall Street ganan millones.**
- **Debes aprender RÁPIDAMENTE a acortar tus pérdidas.**
- **No necesitas un título de Harvard - o cualquier título - para tener éxito.**
- **Los inversores más exitosos no están en Nueva York.**
- **Cualquiera puede invertir - pero no todo el mundo puede convertirse en inversor.**
- **No es necesario empezar a lo grande para crecer a lo grande: el tamaño no importa.**
- **Wall Street negocia e invierte su propio dinero de forma MUY diferente a las estrategias tradicionales de "comprar y mantener" utilizadas por la mayoría de sus clientes - ¡y tú también deberías hacerlo!**
- **En algún momento contratarás los servicios de un gestor de patrimonio profesional y/o invertirás en fondos de inversión libre o fondos de capital privado porque te darás cuenta de que no tienes el tiempo, la inclinación o el talento para gestionar y proteger tu propio dinero.**

ONCE

Cuanto más viejo me hago, más veo un camino recto hacia donde quiero ir. Si vas a cazar elefantes, no te salgas del camino por un conejo.

— T. Boone Pickens

ONCE
MANUAL DEL USUARIO

Cualquier producto que necesite un manual para funcionar está roto.

— Elon Musk

De acuerdo. Vamos a hablar de todas las cosas que no quieres hacer en tu Camino a un Millón.

- **No pagues comisiones a un corredor.**
- **No aceptes el asesoramiento de un vendedor de seguros multinivel que se haga pasar por "planificador financiero".**
- **No inviertas en fondos de inversión que cobren un préstamo o altas comisiones de gestión**
- **No compres productos de inversión a amigos o familiares.**
- **No intentes gestionar tu propia cartera a menos que seas un inversor experimentado y acreditado.**
- **No te enamores de una empresa o inversión.**
- **No tengas miedo de asumir riesgos calculados.**
- **No operes con margen a menos que puedas permitírtelo.**
- **No creas todo lo que la gente te dice: haz tu propia investigación y diligencia debida.**
-

Aquí tienes **siete pasos** que debes seguir para poner en marcha tu viaje:

1. **Ten una visión.**
2. **¡Imposible!**
3. **Haz los deberes.**
4. **Planifica tu viaje.**
5. **Elige tus vehículos.**
6. **Elige tu modo de viaje.**
7. **¡Ponte en marcha, Jack!**

Nuestro éxito en el trading depende de tu capacidad para entender estos sencillos **7 pasos.** Te sugiero que los copies de tu puño y letra en algún lugar y los memorices todos. Luego, **pasa a la acción.**

Si sigues estos **7 pasos** lo antes posible, estarás sólidamente en el camino de crear y proteger una gran riqueza personal. En cuanto al tema de la **protección**, asegúrate de buscar el consejo de un **planificador patrimonial** cualificado, experimentado y con la licencia adecuada para que revise **tu testamento, tu fideicomiso familiar** y tu **estrategia fiscal.** Y pídele a un profesional que revise tu cobertura de **seguro de vida y de accidentes.**

1

TEN UNA VISIÓN

Así que has decidido emprender un viaje para convertirte en millonario y te estás preparando para saltar a tu propio **Camino a un Millón.** Antes de hacer las maletas y ponerse en camino, el primer paso es tener una visión de adónde vas, cuándo y por qué. Crea **tu visión** a continuación y revísala diariamente (haciendo los cambios necesarios en el camino). Se trata de un resumen en forma de párrafo de lo que has creado en el **Capítulo 7 — Tu Camino a un Millón.**

2

¡MANDA TODO A LA MIERDA!

Me has oído bien. ¡Manda todo a la mierda! Olvídate de todo lo que no desempeñe un papel positivo en **tu visión**. Olvídate de los monstruos, los obstáculos, las barreras, los peligros, los desvíos y todas las demás distracciones que amenazan con ralentizar tu **Camino a un Millón**. En este momento, haz una lista de lo que tienes que mandar a la mierda, y recuerda que es un trabajo en curso, así que sigue añadiendo cosas a tu lista a lo largo del camino.

3

HAZ TUS DEBERES

El conocimiento es poder. Cuanto más aprendas, más ganarás. Hay demasiada información disponible sobre la riqueza y las inversiones: Google, Zooms, seminarios web, podcasts, blogs, programas de radio y televisión, y sí, libros. No dejes que la sobrecarga de información te paralice. En este libro tienes todo lo que necesitas para empezar y todo lo que necesitas para tener éxito viendo mi clase semanal de Zoom. Solo para asegurarte de que no te pierdes nada por el camino, anota algunas cosas que crees que necesitas aprender para convertirte en millonario.

4

PLANIFICA TU VIAJE

Después de haber hecho los deberes, debes planificar tu viaje haciendo un inventario de tus activos y pasivos y decidiendo a dónde quieres ir y cuándo quieres llegar. Así por ejemplo, puedes escribir: "Quiero empezar con 1.000 dólares y convertirlos en 1.000.000 de dólares en tres años". Entonces, elegirás los tipos de inversiones y el estilo de gestión que te llevarán a tu destino a tiempo.

5

ELIGE TUS VEHÍCULOS

En el capítulo cinco hemos analizado los distintos tipos de **vehículos de inversión**, desde las opciones hasta las cuentas de jubilación, y todo lo que hay en medio. Si pensamos en un bar de sushi (mi comida favorita), nos daremos cuenta de que la oferta de opciones de inversión es prácticamente ilimitada.

Cuando la mayoría de la gente piensa en el sushi, piensa en los "rollos de sushi", que se llaman Maki. El Maki es arroz y relleno envuelto en algas. Pero hay otros tipos básicos de sushi - incluyendo: Nigiri, Sashimi, Uramaki y Tamaki.
Al pensar en inversiones, la mayoría de la gente piensa en acciones, bonos, fondos de inversión y bienes inmuebles. Cuando te lances a tu **Camino a un Millón**, prepárate para ir a mi bar de sushi de inversión y probar todo lo que te ponga delante. Yo seré tu Itamae (chef de sushi), así que prepárate para divertirte y comer mucho.

6

ELIGE TU MODO DE VIAJAR

Elegir el modo de viajar puede ser un reto para ti, como la primera vez que entras en un bar de sushi y miras el colorido menú con todas las opciones nuevas (y probablemente desconocidas). Así pues, volvamos al capítulo seis: opciones de viaje.

Lo primero en el menú es **DIY** - Drive It Yourself (Hazlo tú mismo). Se trata de una cartera de inversión autogestionada basada en un enfoque de "¡Dios sabe dónde y qué!" para hacerse rico. Tal vez un poco (o mucho) de búsquedas en Google, algunos (o muchos) libros de inversión, algunos "gurús" (¿Dave Ramsey y Susi Orman?) - y un poco de sabio consejo de los Motley Fools lanzado en buena medida. O bien, el **transporte de masas:** los fondos de inversión o las cuentas de jubilación gestionadas, en las que uno se encuentra junto a todos los demás. Si eres un fanático, puedes ir por **Chárter** y tener tu propio asesor de inversiones personal. Por último, está mi **Party Bus** personal.

7

¡SAL A LA CARRETERA, JACK!

Piensa en la última vez que hiciste un viaje, un **viaje por carretera**. ¿Con cuánto tiempo de antelación planificaste el viaje? ¿Qué hiciste para prepararte y cuánto tiempo dedicaste a preparar el viaje?

Algunos planificamos los viajes durante semanas, si no meses, o incluso años. Exploramos posibles destinos y comparamos rutas. Los más precavidos llevan su vehículo a revisión y seguridad: frenos, neumáticos, limpiaparabrisas...

Y luego están los que simplemente deciden lanzarse a la carretera. Ese vas a ser tú esta vez. Solo vas a tomar algunas cosas (ropa, protector solar, iPhone) y subir a bordo de mi **Party Bus**. Tengo todo lo que necesitamos cargado y listo para rodar -mi bar está totalmente abastecido y tenemos mucha comida-, la música de fiesta está a todo volumen y la navegación está preparada.

De nuevo en la carretera
Como una banda de gitanos vamos por la carretera
Somos los mejores amigos
Insistiendo en que el mundo siga girando hacia nosotros
Y nuestro camino
Está en la carretera de nuevo
No puedo esperar a salir a la carretera de nuevo

— Willie Nelson
On the Road Again (1979)

DOCE

DOCE
REGISTROS DE KILOMETRAJE

No son los años, cariño, es el kilometraje.

— Harrison Ford

Esta sección es para que hagas un seguimiento de tu viaje financiero desde tu inversión inicial de 1.000 dólares hasta más de 1.000.000 de dólares, lo que requiere que dupliques tu dinero diez veces. Ayúdame con las matemáticas aquí.

No dejes que los monstruos de tu mente te molesten - te volverán loco con todos los "podría haber" y "debería haber".

Mira la foto de la última página. No estaba pensando "Podría haber tenido esta Harley hace 30 años" o "Debería haber tenido esta Harley hace 30 años". Estaba en el momento pensando **"¡Montar o morir hijos de puta!".**

Crear una cartera de inversiones no es como ponerse a dieta o empezar un programa de fitness en el que tienes la mayor parte del control sobre lo que puedes hacer para controlar el resultado.

Administrar y proteger una cartera de inversión personal requiere redimensionar y reequilibrar constantemente la cartera.

Tendrás tu propio cuaderno de operaciones, pero tómate el tiempo de registrar también tu "kilometraje" en las siguientes páginas para tu **Camino a un Millón.**

0001000 — 0002000
Dólares

0002000 — 0004000
Dólares
(2)

0004000 — 0008000
Dólares

0008000 — 0016000
Dólares

0016000 — 0032000
Dólares

0032000 — 0064000
Dólares

0064000 — 0128000
Dólares

0128000 — 0256000 Dólares

0256000 — 0512000
Dólares

0512000 — 1024000
Dólares

1000000 + Dólares

HENRY
PARK
CAMBIA SU
ACTITUD.

Durante el **Camino a un Millón** es importante recordar que hay que descansar y disfrutar de cada nanosegundo de tu vida. Necesitas preguntarte a ti mismo: "¿De qué se trata Alfie?" Para las vacaciones de primavera de este año, Andrea y yo nos escapamos a Hawai durante un par de semanas con nuestros hijos.

By the time most of you wake up I will be on a plane on my way back home to the mainland. Usually for spring break i normally would travel abroad since it's one of the only times in the year where I can take 10 days off (including weekends) for spring break with the kids. This year because of Coronavirus I decided to come back to Hawaii. Hawaii is home to me. My brother was born here. I lived here till I was 5 years old. My dads side of the family all still lives here. I've been coming back and forth to these islands since I was a kid. At least a 100 times. Anyone who has been here knows there's only so many things to do on the island. It's pretty small actually. You can drive around the whole island of Oahu in less than 4 hours. So coming back I was a little hesitant. What new things were there to see? Or do? I couldn't have been more wrong. I had no idea so many of my friends and family were here. Friends from high school. Andreas cousin. My kids friends from their school. We hung out with no less than 5 families while we were down here. It was fun to catch up. Good to relax and have good conversation. Disconnect from constantly talking about money and work. What I needed was a vacation!! And that's what Hawaii gave me. You know in Hawaii the "kamaaina" have a local saying. They say Aloha as a form of greeting, to say hello, welcome. But it's also a form of farewell, or to say goodbye. It's also used as an expression of love and affection. But more than just a word, aloha is also a way of life. And with that I say Aloha to all of you. Till next time

Como **inversor**, tu estado mental afecta a tu rendimiento y a tus decisiones **comerciales**. Tienes que invertir tiempo de calidad en el descanso y la recreación: relaja tu mente. No puedes dejar que la fatiga, la depresión o las emociones negativas te distraigan en **tu Camino a un Millón**. Se trata de controlar tu mente y tus emociones. Espero verte pronto en un **Área de Descanso** online.

C19 ECONOMICS

YOUR GUIDE TO PERSONAL AND BUSINESS FINANCE

ROBERT MILLER

HENRY PARK

CONTÁCTAME

 Henry@HenryParkNow.com

 facebook.com/henry.park.940

 instagram.com/henryparkofficial

Mi grupo de Facebook

Henry Park's Road to a Million

Mis Clases Semanales de Zoom

Viernes - 5:00 PM (Hr. Del Pacífico)

ID de la reunión 589 380 4727

Has llegado al **final de "El Camino a los Millones" de Henry** Park. Felicidades. Puede que hayas leído todo el libro o que solo lo hayas hojeado y hayas llegado a esta página. De todos modos, aquí está. Estás en la página que realmente importa. Esta última página incluye toda la salsa secreta - y toda la magia. Tú tienes toda la magia para aumentar y proteger tu riqueza personal. Estos términos son como el "tercer verso" de Garth Brook en Friends in Low Places y el "verso perdido" de Jimmy Buffet en Margaritaville. Los demás elementos del libro tienen una estructura específica y un formato intencionado. Lo he hecho fácil de leer, con fuentes grandes, con mucho espacio en el aire, con fotos y con lugares para interactuar y tomar muchas notas. Esta página es muy diferente. Es mi último desvarío sobre lo que tienes que hacer para convertirte en millonario (o multimillonario). Letras más pequeñas y palabras más grandes - sin fotos y sin espacios en blanco. Así que ahí vamos. En primer lugar, olvida todo lo que crees saber sobre el dinero y la economía y pide una copia de mi libro en Amazon - C19 Economics - para que puedas leerlo tan pronto como termines de leer **El Camino a los Millones de Henry Park**. Quisiera que entendieras que estamos en un entorno político, social y económico global como nunca antes en la historia. Resulta fundamental que lo "entiendas". Hay más oportunidades para enriquecerse en los próximos diez años de las que puedes imaginar. Sin embargo, para hacerse rico hay que creer que se puede hacer y no se puede dejar que las propias emociones se interpongan en el camino. He compartido mucha información en este libro y he proporcionado algunos trucos, secretos y herramientas. Pero lo esencial es que **TÚ** tienes que conseguirlo. Nunca pierdas de vista el hecho de que todo esto se trata de **Tu Camino a los Millones** - no se trata de Warren Buffet, Richard Branson, Mark Cuban, Elon Musk, o Jeff Bezos. No es acerca de Gordon Gekko o Jordan Belfort. Y no se trata de Henry Park. Todos tenemos nuestras historias. Tú conoces la mía. Soy un coreano-americano de primera generación nacido en Guam (sí, eso es parte de los Estados Unidos de América) que se llevó un montón de mierda al crecer como un niño asiático pobre en el barrio latino. Actualmente no tengo que aguantar la mierda de nadie, y no lo hago. ¿Por qué? Porque me importa un carajo la mayoría de las mierdas que ocurren en el mundo. Adoro a mi esposa Andrea y a nuestros cinco hijos, Katie, Preston, Dylan, Audrey y Dominic, más que a la vida misma. Y me apasiona hacer negocios y tener un impacto significativo en el mundo. Por eso he escrito este libro y soy el anfitrión de mi grupo de Facebook y de las clases semanales de Zoom. ¿Qué significa todo esto para ti? Significa que, pura y simplemente, espero que este libro haga algo más que "ayudarte" porque la ayuda puede no significar nada. Espero que este libro ponga tu puto mundo patas arriba. Quiero que te inspire a cambiar tu forma de ver el mundo, la economía, las inversiones, la riqueza y, sobre todo, cómo te ves a ti mismo. No quiero que leas este libro y lo pienses. Quiero que pases a la acción ahora mismo, te mires al espejo, te grites a ti mismo y te digas: "**Soy un badass y voy a convertirme en un puto millonario**". No necesitas un entrenador o mentor o gurú. No necesitas un título universitario ni mucho dinero para empezar. Pero debes quererlo. Debes quererlo como si fuera la "última puta Coca Cola del desierto".

¿Has averiguado cómo leer la página anterior? ¿Qué he dicho y qué significa para ti?

DIARIO

Fecha: ___________

DIARIO

Fecha: ____________

DIARIO

Fecha: ___________

DIARIO

Fecha: ___________

DIARIO

Fecha: ___________

DIARIO

Fecha: ___________

DIARIO

Fecha: ____________

DIARIO

Fecha: ____________

DIARIO

Fecha: ___________

DIARIO

Fecha: ____________

DIARIO

Fecha: ___________

DIARIO

Fecha: ___________

SI ALGUIEN TE OFRECE UNA OPORTUNIDAD INCREÍBLE PERO NO ESTÁS SEGURO DE PODER HACERLO, ACEPTA, Y LUEGO AVERIGUA CÓMO HACERLO.

— Sir Richard Branson

Jean-Pierre Sarti: Antes de que te vayas quiero contarte algo. No sobre los demás, sino sobre mí mismo. Antes me volvía loco. Veía un accidente como ese y me sentía tan débil por dentro que quería dejarlo, parar el coche y marcharme. Casi no podía obligarme a pasar por allí. Pero ahora soy mayor. Cuando veo algo realmente horrible, pongo el pie en el suelo. Con fuerza. Porque sé que todos los demás levantan el suyo.
Louise Frederickson: Qué manera tan terrible de ganar.
Jean-Pierre Sarti: No, no hay una forma terrible de ganar. Solo hay una forma de ganar.

— *Grand Prix* (1966)

www.ingramcontent.com/pod-product-compliance
Lightning Source LLC
LaVergne TN
LVHW020703110826
845149LV00012B/2086

* 9 7 8 0 9 9 7 5 8 8 7 7 4 *